CAROLYN TAYLOR

Accountability
no trabalho

Como comprometer-se, cumprir o prometido

e conseguir que outros façam o mesmo

EDITORA LABRADOR
www.editoralabrador.com.br | contato@editoralabrador.com.br

1ª publicação 2021 | 5ª reimpressão 2025

Todo o conteúdo, incluindo os diagramas usados neste livro,
tem os direitos autorais reservados a

Copyright © Carolyn Taylor, 2021

Carolyn Taylor reivindicou seu direito, de acordo com o Copyright, Designs and Patents Act, 1988, de ser identificada como Autora deste trabalho

Todos os direitos desta edição reservados à Editora Labrador. Nenhuma parte desta publicação pode ser reproduzida, arquivada em sistema de recuperação ou transmitida de nenhuma forma ou meio eletrônico, mecânico, fotocópia, gravação ou de outra natureza, sem a prévia permissão do detentor dos direitos autorais.

A Walking Your Talk Press não tem nenhum controle ou responsabilidade por quaisquer sites de terceiros mencionados ou neste livro. Todos os endereços da Internet fornecidos estavam corretos no momento da impressão. Editora e autora lamentam qualquer inconveniente causado, se os endereços forem alterados ou os sites deixarem de existir, mas não podem aceitar nenhuma responsabilidade por tais alterações.
A Editora Labrador não é responsável pelo conteúdo deste livro. A autora conhece os fatos narrados, pelos quais é responsável, assim como se responsabiliza pelos juízos emitidos.

Diretoria Editorial: Daniel Pinsky
Coordenação editorial: Pamela Oliveira
Assistência editorial: Larissa Robbi Ribeiro
Revisão: Marília Courbassier Paris
Projeto gráfico, diagramação e capa: Richard Ponsford/www.librodesign.co.uk
Impresso em Merriweather em papel Offset 90 g/m² pela gráfica Santa Marta.

Dados Internacionais de Catalogação na Publicação (CIP)
Jéssica de Oliveira Molinari - CRB-8/9852

Taylor, Carolyn
  Accountability no trabalho : como comprometer-se, cumprir o prometido e conseguir que outros façam o mesmo / Carolyn Taylor. -- São Paulo : Labrador, 2021.
  104 p.

ISBN 978-65-5625-159-2
Título original: Accountability @Work

1. Liderança 2. Comprometimento organizacional 3. Comportamento organizacional 3. Ética do trabalho I. Título

21-2883   CDD 658.4092

Índice para catálogo sistemático: 1. Liderança

Gostaria de agradecer especialmente a Lynn Pearce e Pete Mildenhall pelas muitas horas que passamos juntos criando os modelos originais que serviram de base para este livro, e a Josie Taylor e Rachel Bladon por terem me ajudado a colocá-lo em palavras. A equipe da Walking the Talk agradece especialmente a Fernanda Murachovsky e Catia Stasi por escolherem as melhores palavras para traduzir os princípios de accountability *para o português. Sabíamos todos que esses princípios estavam transformando nossas vidas à medida que aprendíamos como aplicá-los. Espero que eles tenham o mesmo impacto para você.*

Uma nota especial para a edição em português

Não existe palavra que traduza de forma precisa o termo *accountability* em nenhuma das línguas de origem latina. Em português existe a palavra "responsabilidade", enquanto no inglês nós temos duas palavras com significados diferentes: "responsibility" e *accountability*. Então, por que eu traduzi para o português um livro sobre um assunto para o qual não existe uma palavra no seu idioma?

Você sabia que não existe uma palavra em inglês que tenha o mesmo significado que "saudades"? Por isso é mais difícil para nós, falantes de inglês, compreender profundamente o significado desse tipo de sentimento de "sentir falta de alguém ou algo de uma forma nostálgica". No entanto, quanto mais entendemos significados diferentes, mais nos enriquecemos. Será o mesmo para você com *accountability*. Mas você não está sozinho: até mesmo falantes nativos de inglês têm dificuldade em distinguir os dois, e é por isso que escrevi este livro.

Portanto, mantenha a mente aberta e espero que você aprenda como aplicar uma maneira de viver e trabalhar com outras pessoas que irá aprimorar seus relacionamentos, sua reputação e seu desempenho.

PREFÁCIO

Em 1961, o então presidente John Kennedy comprometeu-se a "atingir o objetivo, antes do final desta década, de levar o homem à lua e trazê-lo de volta em segurança à Terra". Quando chegamos ao fim de julho de 1969, esse compromisso tinha sido inteiramente honrado. Os políticos são famosos, é claro, por não cumprirem suas promessas, mas, naquela ocasião, o processo de fazer uma promessa funcionou perfeitamente.

Imagine um mundo no qual todos cumprissem o que prometeram, exatamente no prazo em que disseram que o fariam. Imagine um mundo em que as promessas fossem feitas de forma consciente – e fossem cumpridas. Um lugar onde você pudesse confiar que os outros iriam fazer o que disseram que fariam. Pense no impacto em sua reputação e na confiança dos clientes se sua empresa fosse reconhecida por cumprir o que promete e como isso poderia alterar a forma como suas relações comerciais e corporativas são conduzidas.

Esse é o poder de transformação de uma promessa feita e cumprida. Esse é o poder que a *accountability* (eu optei por manter a palavra "accountability" em inglês neste livro porque ela possui um significado único cuja essência não poderia ser captada por nenhum outro termo na língua portuguesa) tem de transformar vidas. Muitas pessoas falam sobre *accountability*, sobre cumprir e pedir que seja cumprido. Contudo, só falar de *accountability* e não fazer nada a respeito disso não irá melhorar seu desempenho ou sua reputação.

Accountability no trabalho

Não importa o nível de refinamento dos processos ou o brilhantismo das pessoas – em uma empresa, se a *accountability* não permear de forma consistente sua cultura, sua capacidade de ter um ótimo desempenho sofrerá as consequências.

Minha carreira de consultora e coach de liderança me permite observar o enorme número de pessoas que têm dificuldades com essa questão no trabalho. Elas se frustram com sua incapacidade de fazer as engrenagens funcionarem em sua empresa, de conseguir com que as outras pessoas façam o que haviam dito que fariam e também com o que elas enxergam como falta de comprometimento e motivação. Suas preocupações pioraram com a chegada da COVID-19 e das condições flexíveis de trabalho do "novo normal". Por que o desempenho de sua equipe deixou a desejar, pelo terceiro trimestre consecutivo? Por que seu colega não consegue concluir de forma confiável a primeira seção do relatório que vocês estão preparando juntos para segunda-feira, para que consigam entregar o documento final até quarta?

O que exatamente acontece entre duas pessoas quando uma delas quer que a outra faça algo para ambas? Trata-se somente de uma questão de pedir? Se for só isso, então por que tantas vezes as tarefas não são feitas?

Com a ajuda de diversos colegas, passei vários anos desenvolvendo um conjunto de princípios, comportamentos e habilidades que permitem aos líderes criar um sistema escalável de *accountability* com base no processo de fazer e cumprir promessas. Este pequeno livro resume essa metodologia e oferece a você, leitor, a mesma vantagem

PREFÁCIO

que eu e meus colegas oferecemos aos nossos clientes: um mapa para que os seres humanos desenvolvam *accountability*. Fazer com que as pessoas das quais você depende, e você mesmo, desenvolvam *accountability*, a fim de poder entregar o que prometeu a outras pessoas de forma consistente. Para isso, você precisa que as outras pessoas cumpram o que prometeram para você, de forma que ambos estejam inexoravelmente vinculados.

Em uma época na qual telas de computador, e-mails e textos nos oferecem a oportunidade de dar um passo para trás ou renegociar nossas promessas sem nos sentirmos mal ou desconfortáveis, a frase "minha palavra é meu compromisso" pode soar um pouco antiquada. Mas existe algo que dá poder e que resiste ao tempo quando você mantém sua palavra. Esse algo faz com que as pessoas queiram fazer negócios com você. Sempre haverá demanda para aqueles que cumprem suas promessas. E tornar-se uma pessoa que cumpre suas promessas aumentará também sua autoestima.

A todo momento, vejo equipes se unindo para atingir metas impressionantes quando dominam a *accountability*. Já testemunhei organizações inteiras dando a volta por cima em questão de meses, aumentando sua lucratividade, harmonia e eficácia. Assisti, do lado de fora, equipes de trabalho, que antes eram cínicas e sem inspiração, se libertarem por meio da realização pessoal e profissional que uma cultura de honra pode trazer. Além disso, muitas pessoas estão vindo me contar que o que aplicam agora no trabalho é na verdade um conjunto universal de habilidades e hábitos que também se mostram úteis em casa. Elas até descobriram um jeito de fazer com que o encanador aparecesse no dia em que havia prometido!

Este livro é sobre quebrar tendências e melhorar nosso modo de vida. O objetivo é esquecer a definição de que *accountability* é algo "muito difícil de fazer" e trazê-la de forma categórica à arena tradicional dos negócios – não como um belo conceito corporativo, mas como uma realidade do nosso dia a dia.

Carolyn Taylor,
Londres, fevereiro de 2021

1 INTRODUÇÃO

O que é *accountability*?

> ***accountable*** adjetivo
> Responsável por fazer algo para alguém, por prestar contas

Accountability é a capacidade de um indivíduo ou grupo de satisfazer as expectativas de um terceiro. Responsabilidade, por outro lado, tem um sentido mais geral, não baseado nesse relacionamento de duas mãos. Posso ser responsável por administrar uma fábrica, mas sou *accountable*, ou seja, presto contas a meu chefe ou a um cliente pela entrega de dez toneladas de mercadorias até a manhã da segunda-feira. *Accountability* e responsabilidade são termos muitas vezes usados de forma intercambiável, pois muitas pessoas não param para explorar todo o seu significado e tendem a ignorar o conhecimento preciso que permitiria a ambos florescerem.

Nas organizações, inúmeras vezes os líderes tentam criar uma cultura de *accountability*, pois sentem-se frustrados com as tarefas que não são feitas. Vários líderes são muito bons em aprender a cumprir o prometido – e essa característica muitas vezes fará com que sejam promovidos –, mas às vezes eles têm mais dificuldade em cobrar de outras pessoas o que elas prometeram. É como se assumissem que todos são como eles. Infelizmente, muitas vezes esse não é bem o caso.

Vejamos um exemplo de *accountability* em ação:

Faço a compra de algum produto de uma empresa varejista on-line. Eles confirmam a data de entrega. Faço o pagamento. Temos um contrato e essa empresa está incumbida de entregar a mercadoria. Eles me fizeram uma promessa.

INTRODUÇÃO

Quando chega a data combinada e há um pacote me esperando em casa, isso significa que eles cumpriram sua promessa.

Ao entregarem meu pedido sem problemas, crio confiança de que farão o que prometeram. O que aumenta a chance de fazer outro pedido a eles no futuro.

Mas como você se sentiria se, ao fazer o pedido, a empresa dissesse: "Faremos o máximo de esforço, mas não podemos garantir seu pedido na cor solicitada"? Ou se eles concordassem com um determinado prazo, mas o pedido nunca fosse entregue? Caso alguma dessas situações ocorresse, sua confiança nesse fornecedor diminuiria e, no final, você pararia de comprar com eles.

Fazer pedidos on-line e receber exatamente o que pedimos parece algo simples – no que diz respeito à *accountability* –, mas existem muitos fatores de risco que uma companhia deve avaliar antes de fazer uma promessa ao cliente. Para começar, precisam ter certeza de ter em estoque todas as mercadorias que aparecem no site, de que possuem depósitos adequados para armazenar os itens, de que têm pessoal suficiente e pronto para embalar o pedido e levá-lo do depósito para o local de entrega no prazo combinado, e, caso tiverem contratado algum terceiro para fazer entregas em casa, que confiam na seriedade desse seu parceiro. Essa empresa também deve levar em conta tudo o que poderia dar errado em seu sistema e como solucionar possíveis problemas e ainda assim entregar o que prometeram a você. Eles deverão ter aperfeiçoado todos esses passos para que possam assumir um compromisso com segurança.

Esse único exemplo mostra o trabalho que existe por trás de uma organização quando uma promessa é feita. Mas, mesmo quando se trata de um indivíduo, toda promessa exige um alto nível de comprometimento em virtude da miríade de relações de dependência e dos riscos que devem ser gerenciados.

Em sua essência, a *accountability* é um pedido feito por alguém: "Posso contar com você?". A resposta a essa pergunta poderia ser "Sim, pode contar comigo" ou "Não, não pode". Se a resposta nessa troca de mensagens for afirmativa, cria-se uma relação de *accountability*. Fica fácil lembrar dessa definição fazendo um jogo com a palavra *acCOUNTability* (contar, do verbo *count* em inglês) – "Posso CONTAR com você?" e "Você pode CONTAR comigo" são frases ideais para começar a usar e criar esses novos hábitos.

Promessas

Promessas são a essência da *accountability*.

O contrato firmado na troca de mensagens "Posso contar com você?" / "Sim, pode" é uma promessa. A hipótese que quero explorar neste livro é que sua vida mudará se você começar a ver todos os seus contratos como uma promessa a ser cumprida. Só com o fato de falar dessa forma já faz você se sentir diferente. A expressão "alguém que cumpre" pode parecer fria, pois não evoca nenhum grande sentimento profundo – ao contrário da palavra "promessa". Essa última evoca ideias de honra e virtude, faz você querer fazer o que é certo.

INTRODUÇÃO

Tente usar a palavra "promessa" em sua linguagem diária e ao fazer negócios. Comece a fazer promessas e a cumpri-las. Garanto que sua vida profissional começará a mudar.

Após a promessa, você começa a ver as pessoas como elas realmente são. A honra e a integridade de uma pessoa ficarão aparentes por meio de sua capacidade de manter sua palavra. Quando alguém não faz uma promessa razoável, a razão para ter dado sua palavra inicialmente – seja agradar os outros, se exibir ou conseguir aprovação – ficará totalmente exposta.

Ao mesmo tempo, nesta fase pós-comprometimento, a pessoa que cumpriu sua promessa tem a oportunidade de melhorar sua reputação dentro da organização. Como muitas pessoas não cumprem o que prometem, aquela que faz isso de forma consistente pode obter um enorme respeito e poder. Com o tempo, aqueles que não mantêm sua palavra receberão menos tarefas para fazer, à medida que a confiança neles for diminuindo. Quando alguém faz uma promessa razoável e entrega resultados, ela fica conhecida como uma pessoa confiável e honrada. Ao melhorar cada vez mais nesse ponto, as tarefas nem parecerão mais um trabalho e se tornarão mais agradáveis.

O Solicitante e o Concedente

Embora muitas vezes ignorado, um fato essencial é que não podemos cumprir promessas sozinhos. É lógico que podemos ser extremamente responsáveis, trabalhar bastante, fazer tudo de forma excelente e alcançar resultados impressionantes, tudo isso sozinhos. Mas, para sermos genuinamente alguém que cumpre o que promete, devemos estar em uma relação com a outra pessoa a quem temos de prestar conta. Em toda transação que evoca *accountability* existe uma pessoa que solicita e outra que faz uma promessa. Neste livro, essas duas pessoas serão chamadas de Solicitante e Concedente – a escolha pelos termos "Solicitante" e "Concedente" foi deliberada de forma a me permitir a atribuição de um significado específico dentro do contexto do livro a essas duas palavras.

A maioria das pessoas exerce esses dois papéis durante um mesmo dia. Com certeza, todos fazem o papel de Concedente, aquele que faz e cumpre uma promessa. No trabalho, o papel do Solicitante é muitas vezes feito pelo líder da equipe, mas também pode ser aplicado a um colega que solicita a outro colega algo que precisa ou por um cliente que solicita um serviço.

Geralmente, quem começa esse relacionamento é o Solicitante – mas nem sempre. Por exemplo, eu poderia vislumbrar uma oportunidade para melhorar a forma como nossa equipe conduz suas reuniões e sugerir ao líder da equipe para me deixar preparar uma proposta. Se minha sugestão for aceita, então o contrato de *accountability* é iniciado.

Como criar uma cultura de honra

> Uma cultura de honra é aquela na qual as pessoas fazem promessas e as cumprem. Nossa palavra torna-se nosso compromisso.

Na posição de líder, se for capaz de criar uma cultura de honra, você cultivará:

- empoderamento

INTRODUÇÃO

- uma melhor abordagem autossustentável
- melhores desempenhos, como equipe e individuais
- múltiplos benefícios de negócios

Conquistar uma cultura de honra exige um estilo muito especial de liderança. Dar ordens e ficar falando para as pessoas o que fazer até cria um sentido de conformidade, não levará ao sentido de realização e motivação que fará com que essas pessoas façam e cumpram promessas. Tampouco ajudará a criar uma cultura com mais *accountability* à sua volta.

> **honra** substantivo
> Honestidade, justiça ou integridade nas ações de uma pessoa

Lembro de ter trabalhado com uma equipe que não atingiu suas metas em nenhum trimestre durante cinco anos seguidos. Eu os ajudei a aprender como criar uma cultura baseada na *accountability*, na qual as pessoas fazem e cumprem promessas regularmente, e logo essa equipe começou a ser rapidamente reconhecida por seu ótimo desempenho. Em três meses, eles estavam batendo metas e em um ano tinham se tornado a equipe de melhor desempenho da companhia. Quando equipes como essa dizem que atingirão uma meta de desempenho específica, elas conseguem. Se disserem que vão lançar um novo produto ou concluir uma atualização de TI até uma certa data, elas irão. Elas não decepcionam seus clientes, nem seus colegas. Pode parecer algo simples para quem está do lado de fora, mas atingir esse nível de consistência exige um conjunto muito específico de habilidades, bem como uma forma diferente de pensar.

Promessa ou intenção?

"Estou fazendo uma promessa ou expressando uma intenção?"

Você ficaria surpreso com o nível de clareza e tranquilidade que esta simples pergunta pode trazer para sua vida. Ela o força a avaliar seu nível de comprometimento com o que está sendo solicitado e fará você perceber uma mudança no seu modo de pensar. Quando se promete algo, surge um sentido de dever e comprometimento. No caso de uma intenção, há um sentimento de espaço, possibilidade e esperança.

Há momentos em que você não pode e nem deve fazer uma promessa. Nesse caso, expresse somente sua intenção de fazer algo. Expressar uma intenção é se comprometer em dar o seu melhor e fazer o máximo de esforço. Não significa necessariamente que você não fará o que disse e, em alguns casos, você pode até se surpreender e fazer o que foi pedido com facilidade e de forma eficiente. Se não sentir confiança para fazer uma promessa logo no início, a resposta mais honesta que você pode dar é expressar uma intenção.

> **promessa** substantivo
> 1. Declaração realizada por uma pessoa de que algo será ou não será feito, dado etc.
> 2. Garantia sobre a qual uma expectativa será baseada

> **intenção** substantivo
> Algo que se pretende fazer, um objetivo ou plano

Uma situação de muita frustração ocorre quando o Solicitante ouve uma promessa, mas na verdade o que o Concedente queria era expressar uma intenção – por exemplo, quando

INTRODUÇÃO

um vendedor enxerga a parte alocada a ele na meta de vendas como uma intenção, mas o gerente faz toda uma alocação de custos assumindo que o que ouviu era uma promessa.

Na semana passada, trabalhando de casa, estava planejando o jantar e liguei para meu marido para saber a que horas ele estaria em casa.

"Sete horas", ele respondeu.

"Isso é uma promessa ou uma intenção?", perguntei.

Ao fazer essa pergunta, estava ajudando meu marido a entender o que ele mesmo precisava fazer para honrar sua palavra. Se, depois de fazer a promessa, chegasse um e-mail importante às 18h30, ele simplesmente deixaria de lado para responder no dia seguinte. Mas, se tivesse expressado só uma intenção, é provável que ele respondesse o e-mail na hora e chegasse em casa provavelmente depois das 19h00. Nesse caso, eu como cozinheira, não colocaria o prato na mesa até que ele chegasse em casa, evitando, dessa forma, um potencial ressentimento e um prato de espaguete frio.

Ao estabelecer expectativas claras sobre o que foi combinado, a comunicação melhora, reduzindo as frustrações e criando um clima de confiança.

Evitar fazer promessas

"Se uma promessa envolve responsabilidade e comprometimento, então por que, afinal de contas, devo prometer algo? Não seria melhor sempre expressar uma intenção para nunca decepcionar ninguém?"

Há pessoas que vivem dessa forma, navegando a vida pelas bordas, evitando fazer promessas, mas no final acabam perdendo a confiança das pessoas ao seu redor. Ao cumprir suas promessas, você começa a criar a reputação de alguém confiável e em quem se pode contar em uma situação difícil. É provável que essa competência mantenha seu emprego indefinidamente ou, caso você trabalhe por conta, fará com que você sempre tenha trabalho. Trata-se de uma qualidade e ética pessoal que empregadores e clientes sempre considerarão atraentes.

Como a *accountability* se relaciona com o empoderamento?

Muitos líderes focam na criação de uma cultura mais empoderada a fim de motivar seu pessoal, criar uma reação mais rápida e uma abordagem mais ágil do que seria possível em um ambiente altamente controlado e hierarquizado. No contexto de um conjunto amplo de objetivos, pessoas empoderadas entregam resultados dentro desse horizonte, não sendo severamente responsabilizadas por resultados de prazo mais curto.

Alguns argumentam que, com esse objetivo, a *accountability*, da forma como está descrita neste livro, torna-se menos necessária. Não considero ser esse o caso. Mas é verdade que em organizações com um forte sentido de empoderamento, a relação Solicitante-Concedente muda diariamente, desde entre colegas dentro da equipe até entre colegas de outras equipes que dependem umas das outras para honrar seus próprios comprometimentos. Somente alguém que trabalha

INTRODUÇÃO

completamente isolado possui pouca ou nenhuma necessidade das competências de *accountability* mencionadas neste livro.

Também considero que mesmo organizações mais "empoderadas" ainda se comprometem a entregar resultados a seus acionistas e que, quando existe um risco de que isso não será cumprido, elas descobrem que precisam melhorar sua capacidade de fazer e cumprir promessas e que devem prestar contas uns aos outros para tanto.

A jornada da *accountability*

Ao longo deste livro, você poderá acompanhar a jornada da *accountability* do ponto de vista do Solicitante ou do Concedente.

O Solicitante e o Concedente seguem sua própria jornada, antes e depois da promessa, e seus passos são apresentados no diagrama a seguir:

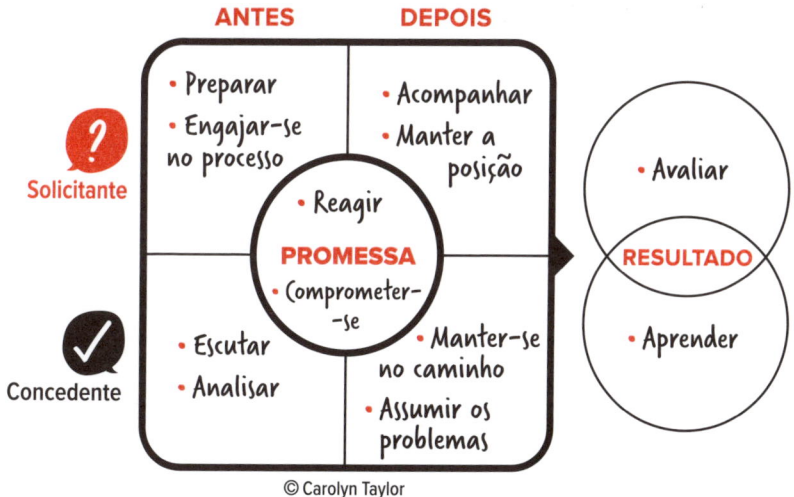

© Carolyn Taylor

No restante deste livro, você receberá instruções detalhadas ao longo da jornada de *accountability*. Tenho observado repetidas vezes, atuando como coach em *accountability*, que os problemas geralmente ocorrem porque os primeiros passos não foram bem implantados pelas partes. Uma promessa cumprida com sucesso exige atenção a cada passo: a fase antes da promessa; quando a promessa é feita; o período depois da promessa quando as duas partes se esforçam para sua implantação; até a conclusão desse processo, quando a promessa for cumprida ou não.

2
ANTES DA PROMESSA

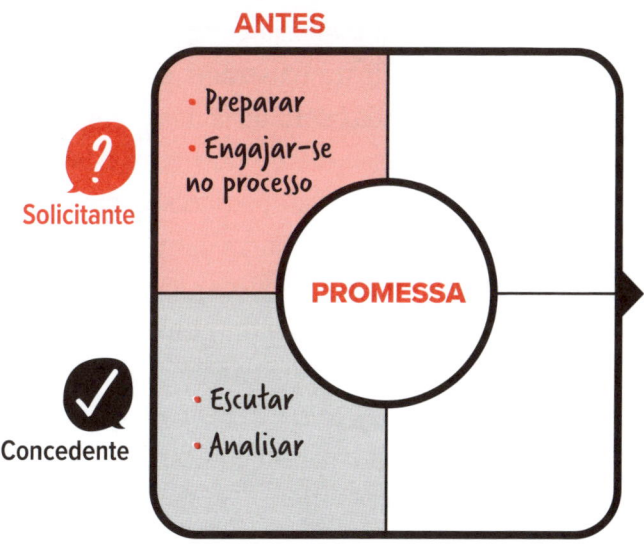

Em minha experiência, o trabalho mais importante é aquele feito antes da promessa. Também é aquele que muitas vezes acaba sendo ignorado. Esse trabalho garante que quando feita, a promessa terá sido bem pensada e será razoável. Uma promessa razoável é aquela que, do ponto de vista do Concedente, pode ser cumprida, e ainda assim contém um nível aceitável de flexibilidade do ponto de vista do Solicitante.

> A maioria dos Concedentes responde "sim" rápido demais, e a maioria dos Solicitantes aceita esse "sim" sem questionamentos, porque querem muito o que pediram.

Não é de interesse do Solicitante nem do Concedente que uma promessa não seja cumprida. E será o Solicitante quem ficará frustrado, se isso ocorrer, pois é ele que terá de lidar com as consequências. Assim, o Solicitante precisa se esforçar muito nessa primeira fase para garantir que seu pedido seja claro para ambas as partes e confiar que o Concedente faça seu trabalho de considerar e mitigar os riscos. O pedido deve ser expresso em uma conversa, em uma negociação, e nunca por meio de uma instrução direta, de mão única do Solicitante. O objetivo é fazer com que o Concedente "compre" a ideia do que foi combinado para assumir o que foi prometido.

ANTES DA PROMESSA

O papel do Solicitante ❓

Preparar

Como criar a cultura e os relacionamentos certos

A motivação de realização é cultivada com uma série de pequenas solicitações sequenciais que construirão o sucesso por meio de uma série de vitórias.

Para solicitar promessas das pessoas, e esperar que elas cumpram de forma plena o que prometeram, é preciso antes de tudo estabelecer um tipo de cultura no ambiente de trabalho que permita que esse comprometimento seja assumido. Como Solicitante, seu objetivo de longo prazo é estabelecer uma relação de motivação de realização com o Concedente – uma relação que o motive a fazer tudo o que ele pode.

David McClelland, psicólogo da Harvard, observou em sua pesquisa (*The Achievement Motive*, New York: Appleton-Century-Crofts, 1953 – A motivação de realização, em tradução livre) vários fatores pertinentes à *accountability*. Segundo McClelland, todos possuem uma motivação intrínseca, um desejo de batalhar e realizar ambições, independentemente de ser obrigado a isso por outras pessoas. Mas esse sentimento pode ser restringido quando se vive em uma cultura ou ambiente degradante, ou que induz ao medo, ou seja, ao "psicologicamente inseguro" – uma expressão utilizada mais recentemente por Amy C. Edmondson, professora da Universidade de Harvard (*The Fearless Organization: Creating Psychological Safety in the Workplace for Learning, Innovation, and*

Growth, Hoboken, NJ: John Wiley & Sons, 2018 – Organização Sem Medo: Criando Segurança Psicológica no Local de Trabalho para Aprendizagem, Inovação e Crescimento, Rio de Janeiro, RJ: Alta Books, 2021).

McClelland percebeu que a motivação de realização era maior quando as pessoas atuavam com "objetivos autoestabelecidos". Quando sentem que um objetivo se torna algo pessoal, elas se sentem extremamente motivadas para alcançá-lo e farão todo o possível para prever e superar obstáculos.

Por outro lado, se sentir que um objetivo lhe foi imposto, o Concedente sempre colocará a culpa no Solicitante de alguma forma se o objetivo não for atingido. O desafio para o Solicitante é que muitas vezes existe uma distância entre o que ele quer e o que o Concedente acredita ser possível. Vários Solicitantes enxergam como papel do Concedente tomar a frente para alcançar seu objetivo. Mas como é o Solicitante que apresenta um padrão mais desafiador, para mim é primordialmente o papel do Solicitante encontrar maneiras de superar essa distância.

Para tanto, o Solicitante pode criar ao longo do tempo uma relação de confiança, conhecimento e propósito compartilhado com todos os Concedentes com quem pretende trabalhar. No ambiente de trabalho, isso significa criar uma cultura na qual as pessoas sentem que podem levantar questões difíceis, ter conversas reais sobre o que é possível e serem valorizadas por suas ideias. Antes de entrar em detalhes sobre alguma solicitação, pense no Concedente e em sua relação com ele e trabalhe para melhorá-la. Você confia nessa pessoa e ela confia em você? Passe um tempo aprendendo o que é importante para ela, o que a motiva, seus objetivos e como você pode ajudá-la, a fim de criar o melhor ambiente possível para um processo bem-sucedido de *accountability*.

Ser claro ao fazer um pedido

> As sementes do fracasso são muitas vezes plantadas quando o Solicitante faz um pedido mal planejado.

Com frequência ouço gestores reclamando de pessoas que trabalham para eles e que não assumem ou cumprem suas promessas sem perceber que essa admissão é uma crítica a eles também como gestores, não só à equipe.

Se você, como Solicitante, não tem uma ideia clara antes de fazer uma solicitação, essa confusão será exacerbada assim que iniciar a comunicação com o Concedente. Algumas vezes, o Concedente nem percebe que você está lhe fazendo uma solicitação.

Conseguir expressar com clareza o que exatamente você deseja contribuirá para que consiga, no final, o que foi prometido. Você tem um papel importante no sucesso de uma promessa e isso começa com a realização de um pedido claro. Algumas vezes, isso pode significar dar o primeiro passo e transformar um objetivo de prazo mais longo em um pedido específico com um prazo menor. Outras vezes, e com certas pessoas, será suficiente descrever o objetivo de prazo mais longo, o que pode ser empoderador. Mas essa abordagem funciona melhor quando adotada de forma consciente e deliberada e, ainda assim, expressa como uma solicitação.

O papel do Solicitante ❓   **Accountability** no trabalho

🔍 ESTUDO DE CASO

Recentemente trabalhei com uma empresa que estava introduzindo um sistema novo de gestão, conhecido pelo acrônimo PDS. Seu presidente comunicou à organização que desejava o total comprometimento de todos para que operassem de acordo com o novo sistema. As pessoas já tinham se esquecido há muito tempo o que significava a sigla PDS, mas quando o presidente perguntou a um grupo de 50 pessoas se estavam comprometidas, todas falaram que sim.

Seis meses depois, esse mesmo presidente estava completamente frustrado, pois a maioria das pessoas não estava seguindo o novo sistema e, na sua opinião, elas não cumpriam o que haviam prometido. Quando questionei esses funcionários, eles disseram que pensavam que estavam, sim, seguindo o novo sistema. O que tinha dado errado?

O pedido feito foi muito vago: o que aconteceu foi que "operar de acordo com o PDS" significava algo para o Solicitante e algo completamente diferente para os 50 Concedentes. Ao pedir às pessoas para sinalizar seu comprometimento dentro de um grupo grande, qualquer possibilidade de discussão real sobre se isso seria possível foi perdida e o Solicitante tampouco incentivou essa discussão de alguma forma. Nenhum prazo foi definido, de forma que o Solicitante achava seis meses razoável, mas ninguém mais sabia disso. E provavelmente o objetivo era grande demais. "Operar de acordo com o PDS" envolvia muitas etapas diferentes e era necessária uma interpretação diferente para cada uma das 50 funções das pessoas na sala. Como o presidente não havia pensado em como formular o pedido de forma adequada, ninguém tinha entendido ou sido capaz de implementar sua ideia.

Na próxima vez, o Solicitante agiu de modo diferente.

ANTES DA PROMESSA

O papel do Solicitante ❓

Seu pedido foi para que todos lessem o manual do PDS nas próximas duas semanas e organizassem uma sessão com sua equipe, a ser conduzida por um facilitador de PDS treinado, para que cada equipe pudesse preparar um plano para a implantação do sistema nos próximos seis meses. Como resposta, ele recebeu 50 "sim" e todos fizeram o que haviam prometido. Após seis meses, o sistema estava implantado.

Ao planejar como formular seu pedido dessa vez, tornando-o menos vago, assegurando que as pessoas entendessem com o que estavam se comprometendo e dividindo uma tarefa grande em partes gerenciáveis, o presidente da empresa conseguiu garantir que seu pessoal fizesse uma promessa genuína.

Perguntas do Solicitante antes da promessa

Antes de fazer a pergunta mais importante, "Posso contar com você?", pense no seguinte:

1. Quais resultados estou buscando? O que quero que seja feito?

2. Como saberei que a promessa foi cumprida? Como mensurar o sucesso da tarefa?

3. Como formular meu pedido de forma clara? Quais seriam alguns pontos não tão claros no meu pedido?

4. Quem é a melhor pessoa para conseguir que isso seja feito para mim?

5. Qual será a provável reação do Concedente a esse pedido? Esse pedido será encarado como um desafio, ou uma tarefa?

6. Em vista da natureza do objetivo e da competência e experiência do Concedente, seria melhor dividir esse objetivo em partes menores?

7. Esse pedido seria interessante e motivaria o Concedente? Consigo fazer ajustes para que se torne interessante e motivador?

8. Como lidar com alguma objeção do Concedente em relação ao pedido? Estarei preparado para revisar o pedido se sua realização parecer improvável ou para ajudar o Concedente a reajustar outras prioridades atuais para que ele se dedique ao novo pedido?

9. Caso o Concedente não esteja disposto a se comprometer, qual poderia ser meu posicionamento em uma renegociação?

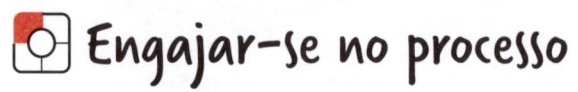

Engajar-se no processo

A arte de pedir

> A parte mais importante de pedir que alguém se comprometa é o pedido.

Pode soar obtuso pedir diretamente para alguém se comprometer, mas é essa a parte essencial, que, com frequência, falta em nossas conversas.

As pessoas têm razões diferentes para não serem boas em fazer pedidos: elas têm receio de receber um "não"; têm receio de conflitos, não querem ser vistas como alguém que fica incomodando, tampouco como carentes ou incompetentes. Ou ainda, elas superestimam a capacidade do Concedente de entender suas mensagens vagas e de realizar a tarefa, assim como o próprio interesse do Concedente em se comprometer.

ANTES DA PROMESSA O papel do Solicitante

Seja qual for a razão, a maioria de nós prefere enrolar e fazer todo tipo de coisa, menos... pedir.

> ### 🔍 ESTUDO DE CASO
>
> Uma equipe passa o dia inteiro discutindo planos para o futuro e revisando como tudo está progredindo. O *flipchart*, ou seu equivalente virtual, está repleto de anotações. No final da reunião, tudo fica corrido por causa do tempo e a meia hora que seria alocada aos "Próximos Passos" é reduzida para 15 minutos. Alguém fala que vai digitar as anotações, mas nenhum prazo é definido. O líder da equipe encerra dizendo que a reunião foi excelente e foi feito muito progresso, mas não faz nenhuma solicitação específica. "Precisamos todos nos esforçar para fazer isso acontecer" é a observação final – uma afirmação, não um pedido. Ele vai embora com falsas expectativas de que algo vai acontecer porque fez aquela afirmação na frente das outras pessoas.
>
> Uma frase como essa não é um pedido; é uma presunção. Ninguém recebeu nenhuma solicitação específica para fazer alguma tarefa. No momento em que chega um arquivo anexado a um e-mail com o título "Anotações da nossa reunião", assumindo que isso aconteça, já passou uma semana e todos estão sobrecarregados com outras tarefas. Metade da equipe nunca chega a abrir o anexo do e-mail, e como muitos não tomaram notas na reunião, o que foi discutido é rapidamente esquecido.
>
> Mais adiante, o líder está nervoso porque a equipe não cumpriu o que havia prometido. Enquanto isso, cada um dos membros da equipe permanece sem ter ideia de que um pedido foi feito pessoalmente e ficam se perguntando qual seria o problema todo.

O papel do Solicitante ❓   **Accountability no trabalho**

Tão importante quanto deixar claro que você quer algo é demonstrar que está solicitando algo e não dando uma ordem: pedindo, não só falando. Todos conhecemos pessoas eloquentes. Talvez você mesmo seja uma delas. Pessoas eloquentes são aquelas que estabelecem metas financeiras ou prazos sem antes terem negociado, enviam e-mails dizendo "Por favor, me diga o que pensa sobre isso até amanhã" ou um texto com a mensagem "Resolva este problema para mim, por favor. Estou indo viajar hoje". É fácil para o Solicitante entrar no papel de uma pessoa eloquente, especialmente se ocupar uma posição de autoridade.

Mas as pessoas não entregam resultados para alguém eloquente com o mesmo nível de *accountability* que têm em relação a um Solicitante. Embora possa acreditar que seu pedido gerará o resultado que deseja, na minha experiência, só ficar falando e não pedir levará inevitavelmente a decepções e frustrações. Isso porque só falar para alguém o que fazer não provoca o mesmo grau de comprometimento quando se combina algo após fazer um pedido primeiro. Um pedido e uma promessa bem negociada despertam no Concedente um senso de honra. É como se tivesse estabelecido esse objetivo para ele mesmo. É como se o objetivo fosse dele. Simplesmente falar o que deseja pode fazer com que seu objetivo seja alcançado, mas não desperta esse sentimento, exceto em situações especiais em que o Solicitante é altamente respeitado pelo Concedente e as circunstâncias exigem uma ação imediata.

ANTES DA PROMESSA O papel do Solicitante

> **Como pedir para alguém prometer algo: lista de verificação**
>
> 1. **Seja específico.** Seu pedido deve ser cristalino. Inclua datas, horários e ações: "Quando essas anotações chegarem à sua caixa de entrada, vocês todos podem por favor responder com um e-mail resumindo o que cada um fará e incluir datas, horários e os produtos do trabalho?".
>
> 2. **Seja persistente.** Enquanto uma criança fica satisfeita em atormentar seu pai ou sua mãe até que eles façam o que ela quer, nós adultos temos a tendência de não ter essa persistência e frequentemente desistimos após pedir só uma ou duas vezes. Ser persistente significa permanecer firme no que você quer e encontrar uma forma de fazer com que a outra pessoa concorde com você.
>
> 3. **Peça à pessoa certa.** Certifique-se de que a pessoa a quem está fazendo o pedido possui a competência, a autoridade e o controle para entregar o resultado. Se tiver planejado seu pedido de forma que este represente um risco moderado à pessoa, é melhor manter-se firme na sua decisão enquanto faz o pedido.

Conversas de comprometimento

Iniciar uma conversa é essencial para convencer alguém a prometer algo para você. Conversas de comprometimento são como um trabalho de bastidores que deve ocorrer entre o Solicitante e o Concedente até chegar a um comprometimento plenamente assumido. Isso dá confiança ao Solicitante de que seu pedido foi bem compreendido e ao Concedente, a oportunidade de se comprometer a entregar o resultado. Quando uma promessa é feita, mas no final não é cumprida, normalmente o *post-mortem* revelará a falta de uma conversa anterior em busca desse comprometimento. Sem esse envolvimento, o Solicitante pode até receber uma concordância relutante, mas quando tudo começar a dar errado, as pessoas vão começar a buscar culpados, se justificar e não assumir a responsabilidade.

O processo de solicitar a opinião de outra pessoa transforma o ato de fazer um pedido em uma conversa de comprometimento.

Uma conversa de comprometimento é uma discussão de duas mãos, não uma exigência unilateral. Ao envolver a outra pessoa na conversa e fazer perguntas como "Você acha que isso é possível?" ou "Você consegue enxergar alguma falha nas minhas ideias?", é aberto um diálogo que pode levar a "O que poderíamos fazer para alcançar isso?". Por meio desse processo, você eliminará quaisquer dúvidas, será capaz, assim se espera, de trabalhar junto com o outro para superar qualquer problema e transferir para o Concedente o controle sobre o resultado. Ao envolver o Concedente, é até possível que ele contribua para descobrir a melhor solução para o problema, reforçando assim sua sensação de controle.

Da mesma forma que é difícil ouvir um "não", muitas vezes também pode ser desafiador ouvir as dúvidas de outras pessoas. Como Solicitante, é natural querermos que a outra pessoa reaja com entusiasmo e sem hesitação e, dessa forma, muitas vezes somos tentados a não fazer perguntas difíceis. Entretanto, é do seu interesse de longo prazo enfrentar quaisquer preocupações de forma direta e enquanto o

ANTES DA PROMESSA　　　　　　　O papel do Solicitante

projeto ainda está no início e é possível encontrar soluções alternativas. Você não quer receber um falso "sim" e depois ouvir um "não sabia o que dizer!" três meses depois.

Ao permitir que o Concedente expresse preocupação sobre sua capacidade de realizar o pedido e fazer perguntas pertinentes, provavelmente você o levará a concluir que ele será capaz de cumprir a promessa. Algumas vezes, você terá de ajustar seu pedido, mas se chegar a esse ponto, será porque exauriu todas as outras opções e concluiu que reduzir o escopo da tarefa é o melhor curso de ação para conseguir realizá-la.

Até agora, só falamos sobre promessas em um sentido puro e singular para simplificar o conceito. Contudo, é muito provável que a pessoa para quem você está pedindo algo já tenha outros comprometimentos, sem mencionar seus objetivos e compromissos pessoais. Pergunte a ela sobre suas prioridades e assim você poderá ter uma visão geral do quadro. Trazer as prioridades de ambos para a conversa fará com que você tenha uma ideia melhor do que é possível, não somente como um pedido isolado, mas no contexto de tudo que está acontecendo.

As conversas de comprometimento são mais bem conduzidas pessoalmente, com uma reunião pessoal ou chamada de vídeo. É fácil ignorar várias nuances da linguagem verbal e corporal, quando não se vê a pessoa, e é quase impossível conseguir percebê-las por meio de um texto escrito. Quando um Concedente não está no mesmo espaço físico que você, mas trabalhando de casa ou em outro lugar, sua habilidade de conduzir conversas de comprometimento será ainda mais essencial, porque você não estará presente fisicamente para ver o ele está fazendo e o que está acontecendo.

O papel do Solicitante **Accountability** no trabalho

O verdadeiro empoderamento e a entrega
dos melhores resultados só são possíveis
com excelentes conversas de compromisso.

Para garantir que essa etapa corra de forma mais tranquila,
e que toda a base seja coberta, é útil dividir o processo em
passos.

Seis passos principais para conversas de comprometimento

Passo 1: Expresse seu pedido ou desejo de forma clara.

Passo 2: Explique suas ideias e seu raciocínio.
"A razão de eu estar pedindo isso é..."
"Essa experiência me fez acreditar que você consegue fazer isso..."
"Acredito que essa é uma tarefa importante porque..."
"Os benefícios para você ao fazer isso serão..."

Passo 3: Peça a opinião do Concedente.
"Qual é a sua reação ao que estou falando?"
"Algo não ficou claro de alguma forma?"
"Você tem alguma preocupação a respeito disso?"
"Você tem uma opinião diferente?"

Passo 4: Escute suas respostas de forma genuína.

Passo 5: Se o pedido for importante, sugira ao Concedente tomar um tempo para pensar em como poderia ser realizado.

Passo 6: Negocie até chegar a uma conclusão satisfatória.

ANTES DA PROMESSA

 O papel do Concedente

 Escutar

Como receber um pedido

> Geralmente não é o processo após a promessa que decepciona as pessoas, mas sim o processo antes da promessa.

Quando recebemos um pedido, é tentador responder "sim" logo de cara. Na posição de Concedente, você pode se encontrar dizendo algo encorajador, embora um pouco vago: "Sim, lógico" ou "Vou me esforçar ao máximo" ou "Certamente". Mas é provável que uma intenção vaga como essa soe como uma promessa firme para o Solicitante e que isso venha a causar grandes problemas mais adiante.

Assim que você ouvir algum pedido, esteja preparado. Um Concedente inteligente anteciparâ uma promessa iminente e estará preparado ou, melhor ainda, conversará com o Solicitante para conseguir algum alerta antecipado sobre o que ele está pensando. Em um cenário corporativo, por exemplo, o departamento de Vendas muitas vezes colocará a culpa no Marketing por não ter avisado antes acerca de novos produtos ou promoções. Um gerente de vendas sagaz formará uma relação próxima com seus colegas de Marketing e assim descobrirá o que está acontecendo nos bastidores. Se ambos forem parte de uma equipe próxima e altamente funcional, isso acontecerá por meio de um planejamento em conjunto, mas muitas vezes o que tenho observado é que as equipes trabalham em "silos" e não informam umas às outras sobre o que estão fazendo.

Assim que um pedido é feito, começa sua preparação. Algumas vezes isso só leva alguns segundos, enquanto você trabalha com uma lista de verificação mental, mas muitas vezes é preciso de mais tempo. Não é inteligente dizer "sim" a qualquer pedido antes de ter tido a oportunidade de pensar bem no assunto. Enquanto "Você pode me encontrar para um café às 10h00 amanhã?" exige pouco mais do que uma olhada em sua agenda e calcular quanto tempo você levará para chegar no local combinado, um pedido mais complexo como "Pode me entregar este relatório até a próxima sexta às 10h00?" exige tempo para verificar sua agenda. E algo muito mais abrangente como "Você consegue atingir esta meta de lucros anual?" exige muito mais planejamento, e vou falar sobre isso nas próximas páginas. Infelizmente, pedidos amplos como esse último muitas vezes são feitos como uma exigência, em vez de pedido, de modo que vale a pena antecipá-los e já ter planos feitos.

Não ceda sob a pressão no momento do pedido. Faça uma pausa e responda de forma a ter mais tempo para pensar: "Vou dar uma olhada nisso e te retorno às 14h00 ainda hoje. Tudo bem?".

Como esclarecer as promessas

Muitos pedidos são feitos de forma muito vaga. Muitas pessoas realmente não são boas nisso. Elas dão pistas, são evasivas, ficam rodeando o assunto. Se quiser criar uma reputação de entrega de resultados, faça perguntas ao

ANTES DA PROMESSA   O papel do Concedente ✓

receber um pedido vago. Insista para obter mais clareza. Esse procedimento evitará decepções mais tarde.

Esclarecer as promessas também permitirá uma compreensão exata daquilo que está sendo pedido.

"Preciso de uma resposta para este e-mail até o final da semana".

Raramente, duas pessoas entenderão a mesma coisa com um pedido como esse. O que significa "até o final da semana"? Sexta-feira? Nesse caso, a que horas na sexta? Ou, para essa pessoa, o sábado seria o final da semana? Ou poderia ser até mesmo o domingo? E qual seria exatamente a natureza da resposta solicitada?

Quando se faz um pedido, é possível reduzir um universo de potenciais contradições fazendo perguntas que ajudarão o Solicitante a ser bem específico com sua linguagem. Sempre que houver alguma possibilidade de ambiguidade, faça perguntas até que essa ambiguidade desapareça.

Analisar

Avaliar o risco

> **risco** substantivo
> Uma situação que envolve exposição a um perigo

Como Concedente, antes de se comprometer e prometer algo, você precisa analisar o risco da tarefa a fim de identificar fatores que poderiam impedi-lo de cumprir essa promessa. Pessoas que habitualmente cumprem suas promessas possuem a habilidade de avaliar o grau de desafio envolvido em uma tarefa em relação à sua probabilidade de ser realizada. Elas antecipam o risco, avaliam sua gravidade e o reduzem.

Risco é qualquer incidente que possa vir a ocorrer e colocar tudo a perder. Segundo David McClelland (*The Achieving Society*, Princeton, N.J.: Van Nostrand, 1961 – *A sociedade realizadora*, em tradução livre), prever e reduzir riscos é um dos principais elementos que diferenciam as pessoas entre aquelas que obtêm resultados e aquelas que, muitas vezes, não alcançam seus objetivos.

Pessoas que não dominam a avaliação dos riscos se encaixam em duas categorias. Algumas têm uma postura entusiasmada demais em relação ao risco, e essa natureza arrogante faz com que sejam superotimistas em relação àquilo que podem realizar, de forma a trabalhar com a sorte, esperança e mágica acreditando que algo acontecerá e tornará tudo possível. Outras têm tanto medo de fazer algo errado que hesitam em assumir alguma tarefa além daquelas mais simples e seguras.

Para ter sucesso no trabalho é preciso encontrar um equilíbrio entre esses dois extremos e ser capaz de ir além e fazer acontecer. Tentar demais sem obter resultados não ajudará você a construir uma boa reputação, mas tampouco se recusar a assumir uma tarefa que considera um pouco exigente demais. Dominar a avaliação dos riscos permitirá a você aumentar cada vez mais o nível de esforço assumido, pois assim estará eliminando a sorte, esperança e mágica da equação e vivendo em um mundo onde você antecipou e reduziu a maior parte do que poderia vir a acontecer. Quando algo completamente inesperado ocorrer, você estará pronto para atuar rapidamente e lidar com essa questão.

ANTES DA PROMESSA **O papel do Concedente** ✓

🔍 ESTUDO DE CASO

Tinha prometido fazer uma apresentação a um cliente na cidade na quinta às 14h00. Como morava no mesmo endereço há dez anos, já sabia bem como o trânsito funcionava entre minha casa e a cidade; todos os pontos problemáticos, áreas de congestionamento e de obras na estrada. Tinha feito essa viagem tantas vezes, na verdade, que sabia quanto tempo levaria: em um dia bom, trinta minutos; em um dia ruim, uma hora.

Minha avaliação inicial também incluiria a confiabilidade do meu carro, se havia gasolina suficiente (ou se teria de parar no posto no caminho), e se haveria lugar para estacionar naquele horário. Haveria muitos eventos sendo realizados naquele dia que poderiam atrasar minha jornada? Passo pelos vários cenários possíveis para calcular exatamente a que horas devo sair de casa para chegar com tempo suficiente para manter minha palavra, mostrar profissionalismo e fazer a melhor apresentação possível. Mas sem chegar com tanta antecedência para não ter de ficar dando voltas antes do compromisso.

Se precisar pegar o Paul no caminho da apresentação, então adicionamos outro risco a essa equação. Agora não só tenho que considerar o caminho, o trânsito e outras variáveis, como também a confiabilidade do Paul. Ele geralmente está no horário ou se atrasa com frequência? Como tem sido minha experiência com o Paul? Se eu não conhecer o Paul, isso acrescentará uma outra dimensão de risco à equação.

Agora, imagine que preciso fazer tudo isso enquanto minha cidade está sediando os Jogos Olímpicos. A cidade não tem a experiência de ter sediado os Jogos antes, daí ninguém tem ideia de como o trânsito se comportará. Não tenho experiência na qual me basear, só um fator desconhecido: um evento pontual sobre o

> qual não tenho controle. Se minha capacidade de prever esse risco for quase zero, precisarei acrescentar mais um tempo considerável na minha jornada para garantir que mesmo no pior cenário ainda conseguirei cumprir minha promessa.

Geralmente, soluções de antecipação e mitigação de riscos se encaixam em duas categorias: reduzir o risco de algo problemático ocorrer e ter um plano B para o caso de algum problema. Um processo detalhado de antecipação e mitigação de riscos continua mesmo após a promessa ser feita, mas você precisará ter se preparado o suficiente antes para aumentar sua confiança de que pode se comprometer de forma razoável. No exemplo dado, a antecipação e mitigação do risco poderiam envolver encher o tanque do carro na noite anterior. O plano B poderia envolver o conhecimento de formas alternativas de transporte, de forma que você poderia estacionar e pegar um trem caso o trânsito piorasse muito.

Como negociar interdependências

Accountability é uma promessa entre duas pessoas, mas o que acontece quando você precisa depender de outras pessoas para ajudá-lo a entregar resultados? Assim que começa a envolver outras pessoas em suas promessas, o risco se torna infinitamente mais complexo.

Todos dependemos dos outros para cumprir nossas promessas. O problema, em muitos casos, é a tendência a assumir que essas pessoas sabem o que pensamos e queremos, como que por telepatia. Como seria fácil se a vida fosse tão simples assim.

ANTES DA PROMESSA **O papel do Concedente** ✓

Se você depende dos outros para cumprir a sua promessa, qual o seu grau de confiança de que elas vão cumprir as promessas delas? Assim que você der sua palavra, a outra pessoa não vai querer ouvir uma desculpa que gira em torno de como uma outra pessoa decepcionou você. Daí você também vai precisar se tornar um Solicitante.

> **🔍 ESTUDO DE CASO**
>
> Digamos que você promete a Anna recomendar o segmento do mercado que será mais atraente para a equipe de vendas. Anna pediu essa recomendação até o final do trimestre. Mas, para isso, você depende das promessas de Bob, Carla e Dan. Bob está pesquisando o que os concorrentes estão fazendo e essa informação é importante para sua recomendação. Carla está criando um novo produto que, se chegar ao mercado a tempo, faria com que você recomendasse um determinado segmento que vai amar esse produto. Dan está encarregado dos serviços e você não quer recomendar um mercado que ele não terá condições de apoiar mais tarde. Ao fazer a promessa a Anna, você assume responsabilidade também por Bob, Carla e Dan. Você não pode voltar mais tarde dizendo "Desculpe, Anna, mas Dan não fez a parte dele", porque sua promessa incluía uma avaliação prévia da capacidade de Dan de cumprir sua parte. Ao prometer algo, você está efetivamente dizendo "Pesei todos os fatores e acredito que Bob, Carla e Dan poderão entregar o que preciso a tempo. Assim, posso prometer isso a você".

Quanto menos pessoas envolvidas, mais fácil será cumprir uma promessa, portanto tente obter o comprometimento das pessoas de forma individual em vez de equipes, em que cada um ficará culpando o outro quando nada for entregue. Se você depender de fornecedores para mercadorias necessárias para o cumprimento de sua promessa, verifique se é possível tratar com apenas uma pessoa no fornecedor. Então, peça a essa pessoa para fazer uma promessa a você também. Ao dar sua palavra, você estará respaldando seu julgamento de qualquer interdependência. A responsabilidade não pode ser transferida para outra pessoa.

> **Como negociar uma relação de interdependência: lista de verificação**
>
> 1. De quem dependo para conseguir realizar essa tarefa? Quem mais está envolvido?
> 2. O que preciso que façam?
> 3. Como é minha relação com essa pessoa? Para ela, me ajudar seria uma prioridade? Como posso tornar isso mais provável?
> 4. Como foi minha experiência prévia com essa pessoa?
> 5. Ela normalmente mantém sua palavra? Como posso ajudá-la a fazer isso desta vez?

Avaliar outros fatores

1. Cronograma

Quanto tempo passará entre o momento em que a promessa é feita e seu cumprimento? Uma promessa feita para ser cumprida daqui a um ano apresenta um risco muito maior do que aquela com prazo para amanhã, pois durante períodos mais longos podem surgir muito mais circunstâncias

ANTES DA PROMESSA — O papel do Concedente ✓

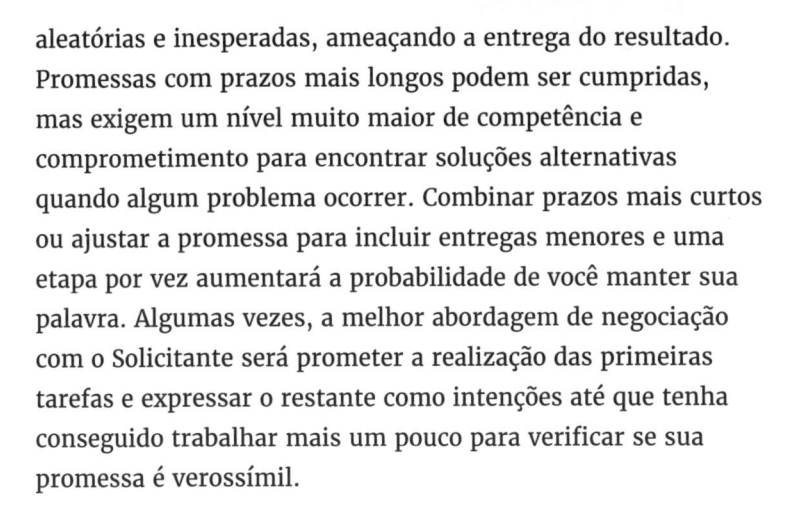

aleatórias e inesperadas, ameaçando a entrega do resultado. Promessas com prazos mais longos podem ser cumpridas, mas exigem um nível muito maior de competência e comprometimento para encontrar soluções alternativas quando algum problema ocorrer. Combinar prazos mais curtos ou ajustar a promessa para incluir entregas menores e uma etapa por vez aumentará a probabilidade de você manter sua palavra. Algumas vezes, a melhor abordagem de negociação com o Solicitante será prometer a realização das primeiras tarefas e expressar o restante como intenções até que tenha conseguido trabalhar mais um pouco para verificar se sua promessa é verossímil.

2. Complexidade

Quanto menos complexa for a promessa, mais fácil será cumpri-la. Procure formas de manter a simplicidade. É melhor prometer fazer algo direto do que não conseguir entregar uma série de resultados complexos que deveriam ser cumpridos todos ao mesmo tempo.

3. Familiaridade com a tarefa

Se você já fez essa tarefa antes ou se conhece bem as pessoas que estarão envolvidas será mais fácil fazer esse comprometimento. Suas experiências significam que você conseguirá prontamente prever e mitigar riscos. Por outro lado, se a tarefa for menos familiar, haverá mais incertezas.

A decisão final

Quando estiver claro para você o que está sendo pedido e tiver concluído seu planejamento, antecipado os riscos envolvidos e negociado com as pessoas das quais dependerá,

O papel do Concedente ✓   **Accountability no trabalho**

você se sentirá pronto para fazer uma promessa? Só você é que pode julgar qual o grau de certeza necessário antes de prometer algo. É provável que precise somente de 70% ou 80% de certeza, pois deve depender, em algum grau, de sua capacidade de resolver possíveis problemas ao longo do caminho. Algumas pessoas podem ficar satisfeitas com um grau bem menor de certeza, digamos 50%, enquanto outras preferirão um grau de certeza bem mais alto. Percebi que estou ficando melhor em fazer julgamentos à medida que pratico a capacidade de manter minha palavra, especialmente a previsão e mitigação de riscos, e assumo responsabilidade por resolver problemas em vez de usá-los como justificativa para o fracasso.

Após pensar cuidadosamente sobre esses fatores, você deverá ser capaz de responder de uma das seguintes formas:

- Fazer a promessa.
- Negociar uma promessa diferente.
- Expressar uma intenção.
- Dizer não.

Naturalmente, ninguém consegue prever o futuro. O melhor que você consegue fazer, como Concedente de uma promessa, é prever o que puder do futuro enquanto utiliza seu conhecimento para se preparar de forma adequada para qualquer obstáculo que terá de superar. Essas habilidades são o que diferenciam as pessoas bem-sucedidas daquelas que fracassam.

3
A PROMESSA

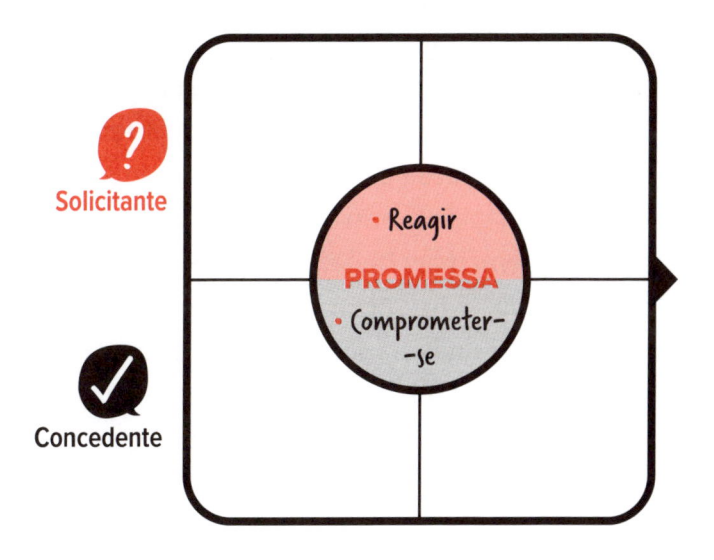

Solicitante

- Reagir

PROMESSA

- Comprometer--se

Concedente

É o momento de fazer a promessa. O aperto de mãos. O contrato. O comprometimento feito pelo Concedente de que entregará o resultado ao Solicitante. Quando todo o trabalho antes da promessa é bem feito, este é um momento inspirador, uma oportunidade, como Concedente, de dar sua palavra com confiança para um Solicitante que confia em você e também se sente confiante de que aquilo que está sendo combinado é exequível e satisfaz suas necessidades.

Idealmente, este é um momento que as duas partes se lembrarão no futuro. Torna-se um ponto de referência para futuras discussões sobre entrega de resultados. A pior situação é quando esse momento não chega ou ocorre na mente do Solicitante, mas não do Concedente. É quando a *accountability* começa a sofrer de verdade, pois ambas as partes se sentirão lesadas mais tarde e colocarão a culpa na outra e o resultado não será entregue. Se esse momento for bom, os principais beneficiários serão os clientes, os acionistas e as outras partes interessadas externas. Da mesma forma, esses grupos são os que mais sofrerão quando forem feitas promessas em organizações sem uma cultura de *accountability* estabelecida.

A PROMESSA

O papel do Concedente ✓

⊙ Comprometer-se

Como dar sua palavra

Quando se sentir confiante de poder dar sua palavra, faça isso de forma clara e inequívoca. Parte de dominar a arte de cumprir e pedir para ser cumprido é ser explícito nesse momento, de forma que mais tarde tanto você quanto o Solicitante saberão que você entregou o resultado. Gosto de usar a palavra "promessa", pois mais tarde, quando entregar o resultado, poderei dizer "Lembra que prometi te mandar essas ideias? Pois bem, aqui estão".

Há essencialmente cinco formas diferentes de responder bem a um pedido. E cinco formas que imediatamente irão projetá-lo como alguém não confiável o bastante quando dá sua palavra. Um bom Solicitante questionará se você oferecer uma das respostas do segundo grupo.

Respostas aceitáveis

"Sim, pode contar comigo. Prometo…"
"Não, não é possível contar comigo para isso."
"Me comprometo em responder para você até (data)."
"Preciso que me esclareça."
"Posso fazer uma contraoferta…"

Respostas inaceitáveis

"Vou me esforçar ao máximo."
"Vou te ligar de volta."
"Lógico, sem problema."
"Deixa isso comigo."
"Deixe-me ver o que consigo fazer."

O papel do Concedente ✓   **Accountability no trabalho**

> 🔍 **ESTUDO DE CASO**
>
> Alguns anos atrás, minha empresa devia tomar uma grande decisão sobre uma parceria a ser feita com outra firma para apresentarmos uma oferta conjunta a um determinado cliente. Pesquisamos o mercado, fizemos entrevistas e conhecemos várias firmas, negociamos as condições e os termos comerciais e acabamos reduzindo a lista até chegar a duas finalistas. Essas duas firmas tinham o que queríamos, mas uma delas se destacava com um único diferenciador que nos levou a escolhê-la.
>
> Sim, você adivinhou. Eles sempre mantinham sua palavra. Durante os meses que passamos nos conhecendo, eles davam sua palavra de forma consistente, clara e inequívoca, após terem considerado nossos pedidos e às vezes ofereciam uma promessa bem antes de fazermos um pedido. A clareza com que faziam isso nos deu uma confiança imediata, depois confirmada por sua capacidade de cumprir promessas. Esse diferenciador nos levou a escolhê-los como parceiros e contribuiu para um dos maiores sucessos financeiros de sua firma. O que eles fizeram não foi nada além do que está descrito neste livro como sendo o papel do Concedente. Os benefícios foram excelentes para eles e para nós.

Exagerar nas promessas

As pessoas fazem promessas de forma leviana por várias razões. Algumas fazem promessas só para que as pessoas gostem delas ou para evitar conflitos, outras porque se sentem pressionadas para tanto; outras para se sentirem importantes. Muitas têm uma visão excessivamente otimista sobre os possíveis riscos.

A PROMESSA — O papel do Concedente ✓

Exagerar nas promessas é um erro comum motivado pelo desejo de agradar ao Solicitante. Ironicamente, esse tipo de promessa gratificante acaba por desagradar a todos quando o que foi prometido a mais não é cumprido. Ser honesto desde o início e expressar dúvidas sobre a exequibilidade do pedido é a maneira de manter um relacionamento sólido e criar laços de confiança.

> Será melhor para sua reputação no longo prazo dizer "não" do que dizer "sim" e não cumprir o prometido.

🔎 ESTUDO DE CASO

Conheci bem uma equipe que tinha o gene de exagerar nas promessas como algo bem estabelecido em sua cultura. Todos os membros da equipe faziam isso, tanto para a Matriz, quando tinham de enviar previsões, quanto para seus colegas – outras equipes na organização que dependiam deles. Seus clientes eram de outros departamentos internos da empresa, mas tenho certeza de que se tivessem algum cliente externo, eles teriam o mesmo comportamento. Simplesmente tinham adquirido o hábito de depreciar o valor de sua palavra. Eles davam sua palavra rápido demais e não cumpriam o prometido, dando demasiadas desculpas.

Ao exagerar nas promessas e não cumprir, acabaram com uma reputação ruim e com a fama de uma equipe com péssimo desempenho. Mesmo assim, foi surpreendentemente difícil ajudá-los a superar sua tendência instintiva de fazer promessas exageradas.

Como fazer uma contraoferta

Após pesar os riscos, caso chegue à conclusão de que não conseguirá garantir a entrega do que está sendo pedido, o melhor curso de ação é renegociar.

Na maioria das circunstâncias, apenas dizer "Não, não consigo fazer isso" não é bem o resultado que você quer e você não durará muito tempo em uma organização se fizer isso com frequência. Quem quer criar uma reputação de sempre dizer "não" quando provavelmente vive em uma cultura de "sim, é possível fazer"? Por isso é essencial aprender como negociar um acordo que funcione para ambas as partes e que você poderá prometer cumprir.

Pense com cuidado: o que você sente que *pode* prometer? Sugira isso como uma alternativa. Você ainda pode expressar *sua intenção* de entregar algo a mais, mas informe o Solicitante de que isso não é possível porque há variáveis demais no meio do caminho. Faça uma distinção entre promessa e intenção.

Algumas vezes, é aceitável reduzir o tamanho da promessa:

"Nesse ponto, não posso prometer a você $100.000 até o final de dezembro pelas seguintes razões... É lógico que me esforçarei ao máximo, mas não tenho confiança o suficiente para te prometer algo hoje. Entretanto, o que posso prometer a você neste momento é $40.000 até o final de setembro. Daí poderemos rever nossa posição no final de setembro e reavaliar para o último trimestre".

Você também pode fazer uma promessa condicionando algo a ser sacrificado:

A PROMESSA — O papel do Concedente ✓

"Posso entregar essas primeiras versões do site para você, mas isso significa que teria que atrasar o desenho do novo logotipo. Isso é aceitável para você?"

Ou você pode pedir ajuda para cumprir a promessa:

"Posso assumir o trabalho dessa pessoa que pediu demissão e também entregar meus próprios números, mas só se conseguir ter alguma ajuda extra. Tudo bem para você se eu contratar um prestador de serviços por três meses?"

Sua contraoferta pode ser aceita ou o Solicitante pode desejar discuti-la um pouco mais. Ele pode te pressionar. Mas, lembre-se, no final, não é do interesse de ninguém se o que está sendo pedido não for entregue. Tente oferecer várias alternativas diferentes até encontrar uma que seja aceitável para ambos. Seja persistente. Gastar tempo nisso agora fará com que ambas as partes fiquem satisfeitas no final, quando a promessa for cumprida com sucesso.

O papel do Solicitante ❓   **Accountability** no trabalho

🎯 Reagir

Como lidar com uma recusa

Em um contexto organizacional, os líderes não gostam de ouvir "não" como resposta a seus pedidos. De forma que a maioria das pessoas diz "sim" por receio de serem vistas como sem comprometimento se questionarem o que havia sido pedido. Na minha opinião, não faz sentido ignorar quando alguém tem a coragem de questionar seu pedido (ou exigência). Você pode até considerar que outras pessoas, na posição do Concedente, seriam capazes de prometer e cumprir. E você pode estar certo. Se essa for a conclusão à qual você chegará, é provável que, com o tempo, precisará encontrar outros Concedentes com quem trabalhar. Mas também pode ser possível que você esteja fazendo exigências não razoáveis. E é melhor saber disso agora do que mais tarde, quando a promessa não for cumprida e você tiver problemas.

Alguns Solicitantes suspeitam que o Concedente está tentando abaixar as expectativas, sendo ultraconservador para evitar um fracasso no final. Se for esse o caso, você terá de insistir para conseguir mais alguma concessão, e o modo como faz isso é o que realmente importa.

Se dedicar um tempo criando um ambiente de confiança e psicologicamente seguro, no qual as pessoas se sentem confortáveis para expressar sua opinião, você terá oportunidade de resolver esses problemas com os Concedentes, orientando-os para que eles consigam ir além

A PROMESSA — O papel do Solicitante

do que pensavam ser possível ou então fornecendo recursos ou ideias que os ajudarão a cumprir a promessa. Ou juntos vocês conseguirão encontrar uma abordagem diferente, mas próxima o suficiente para satisfazer suas necessidades.

Aceitar uma contraoferta

Há um momento quando você chega à conclusão de que a maneira mais segura de avançar é aceitar uma contraoferta do Concedente. Como Solicitante, você tem sua própria reputação a zelar e provavelmente também está se comprometendo com outras pessoas a partir da premissa de que o seu Concedente cumprirá sua promessa. Todo líder é cobrado pelos resultados que entrega e isso, em grande parte, é a soma total do que sua equipe oferece. Se o desempenho dos membros de sua equipe for ruim, seu próprio desempenho será afetado. Como cliente, muitas vezes é melhor ouvir a verdade de um de seus fornecedores, e trabalhar nisso, do que assumir que conseguirá o que pediu e depois se decepcionar. Por outro lado, se aceitar muito facilmente uma contraoferta, talvez o Concedente não se esforce o máximo para conseguir entregar o que foi pedido. Ou talvez ele dará prioridade a outro Solicitante menos exigente que você. É uma decisão difícil a ser tomada.

Nas organizações, percebo que a abordagem mais comum é os líderes exigirem que seu pedido seja realizado e não aceitarem negociar. Mas também percebo que muitos desses líderes não obtêm os resultados que haviam exigido. Nesse processo eles criam uma cultura na qual se fala e se exige muito, mas não se cumpre, o que não é um ambiente que produz os melhores resultados possíveis. Se conseguir criar uma cultura na qual as pessoas se envolvem com as promessas que fazem e assumem responsabilidades, mas também sabem que não entregar resultados não é algo realmente aceitável, com o tempo você construirá um ambiente mais consistente no qual os resultados aparecerão.

Verificação final

Há trabalho a fazer mesmo quando você recebe "sim" como resposta de um pedido. Como Solicitante, é sua responsabilidade garantir que está recebendo uma promessa de qualidade. Se sentir que a promessa foi feita de forma leviana, sem conteúdo, ou se tiver dúvidas quanto ao seu cumprimento, não aceite. Questione, investigue e converse até ter confiança de estar recebendo uma promessa pensada de forma razoável. O quanto você terá de fazer isso dependerá muito de quão bem conhece o Concedente e sua capacidade, competência e confiabilidade para honrar sua palavra.

A PROMESSA

O papel do Solicitante ❓
O papel do Concedente ✓

🎯 O MOMENTO DA PROMESSA

O momento de fazer um verdadeiro comprometimento é muito importante. Se tudo foi bem conduzido até esse ponto, as duas partes deverão estar confortáveis com o que foi combinado. Esse momento deve ser marcado de alguma forma que o torne memorável: um aperto de mãos, um contato visual, uma confirmação específica por e-mail ou alguma outra forma por escrito caso a promessa assim o exigir. Se o momento for memorável, ficará fácil referir-se a ele durante os estágios de entrega de resultados que ocorrem depois da promessa.

> Nesse ponto, utilize a linguagem da *accountability*: *"Posso contar com você?"* *"Sim, pode contar comigo"*.

Pode parecer meio estranho falar desse jeito, mas esse tipo de frase pode simbolizar um nível maior de comprometimento do que a maioria das pessoas está acostumada a dar. Esse é o momento em que o contrato de *acCOUNTability* é firmado.

Solicitante: *"Posso contar com você para (defina a promessa e como será mensurada)?"*.

Concedente: *"Sim, pode contar comigo para (defina a promessa e como será mensurada)"*.

4
DEPOIS DA PROMESSA

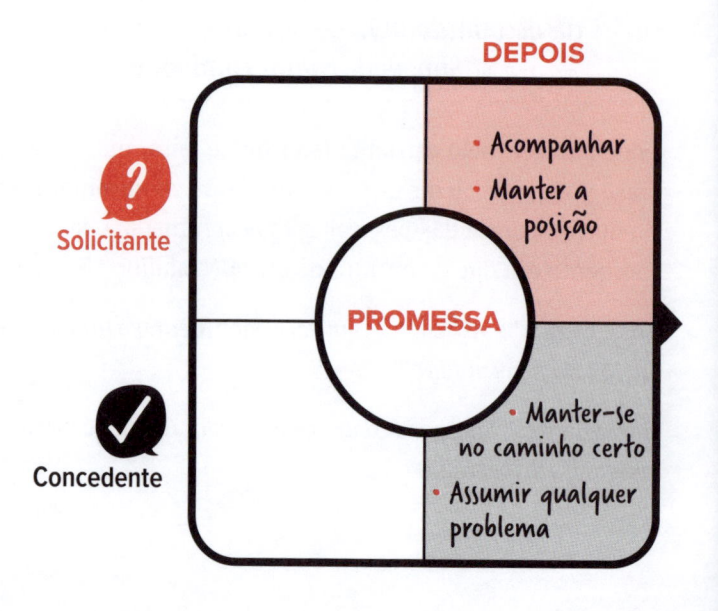

DEPOIS

Solicitante
- Acompanhar
- Manter a posição

PROMESSA

Concedente
- Manter-se no caminho certo
- Assumir qualquer problema

O fato de uma promessa ser feita não garante que será cumprida. Nem todas as pessoas são honradas, afinal de contas. O fato de você aprimorar suas habilidades nesse processo aumentará sua probabilidade de sucesso, mas ainda há tarefas a serem feitas para garantir que uma promessa seja cumprida. Tanto o Solicitante quanto o Concedente são responsáveis por garantir que a promessa seja cumprida. Mudam as circunstâncias, surgem novos desafios e prioridades no cenário e tanto o Solicitante quanto o Concedente precisam estar cientes desses elementos e permanecer focados no que será preciso fazer para ainda assim conseguirem o resultado ou, nos momentos em que isso parecer cada vez menos provável, antecipar questões desde o início para limitar possíveis danos.

O papel do Solicitante ❓   **Accountability no trabalho**

Acompanhar

Como controlar o processo

Ajudar o Concedente a cumprir uma promessa feita para você exige disciplina e a prática de hábitos e processos para tornar esse acompanhamento uma rotina. Muitas vezes, como Solicitante, sua própria integridade estará em jogo, pois o que foi prometido faz parte de uma promessa maior que você mesmo fez, talvez para o seu chefe. Dessa forma, "controlar o processo" é essencial.

O ato de controlar o processo funciona como um mecanismo de rastreamento, uma espécie de "GPS de promessas", indicando o quanto alguém está perto de onde disse que estaria ou se essa pessoa saiu da rota. Quando não existe um método para controlar o processo, ninguém saberá o caminho a seguir, muito menos se alguém saiu da rota ou não!

Se definir a promessa é como desenhar as linhas de uma quadra de tênis, ser capaz de controlar o processo é como o juiz de linha e o juiz eletrônico decidindo se a bola tocou dentro ou fora da quadra. Sem esse mecanismo, as linhas da quadra não fazem sentido.

Uma das principais vantagens de controlar o processo é que as únicas respostas que você pode dar no final da entrega de resultados são: "Sim, cumpri o prometido" ou "Não, não consegui". Não existe "quase" em um jogo de tênis: a bola tocou ou dentro ou fora da quadra. Se a bola tocar fora várias vezes seguidas, você perde o *game*. Se perder *games* consecutivos, perderá o set e se essa tendência continuar, perderá o jogo.

Para saber com clareza se a promessa está sendo cumprida, é preciso ter um sistema preciso de mensuração, como em uma quadra de tênis. Você deve sempre se perguntar: "Quais evidências preciso ter/dar para saber que a promessa está sendo cumprida?".

A arte de acompanhar

1. Conheça o seu Concedente

Ao considerar o grau de envolvimento que deseja ter durante o período desde que a promessa foi feita até ser cumprida, você precisa recorrer à sua experiência com o Concedente em outras circunstâncias.

> **Critérios para conhecer seu Concedente**
>
> **100% confiável:** Algumas pessoas inspiram tanta confiança que você sabe que sua palavra realmente tem peso e que a promessa será cumprida exatamente como combinado, independentemente dos desafios que surjam nesse meio tempo.
>
> **Normalmente confiável:** São pessoas que você pode dar suporte para garantir o resultado que precisa, contatando-a com mais frequência e algumas vezes oferecendo ideias e a oportunidade de verificarem juntas se tudo está indo bem. Oferecer feedback positivo e encorajamento manterá seu pedido na mente dessa pessoa, mesmo com todas as outras tarefas que ela tem.
>
> **Não confiável:** Algumas pessoas precisam de bastante pressão e acompanhamento devido à sua reputação de não cumprir o que prometeram.

Se alguém se sentir insultado com esse acompanhamento por se orgulhar de cumprir prazos e sempre ir até o final, e se você estiver buscando uma cultura de empoderamento, você precisará tomar muito cuidado para não irritar o Concedente e acabar prejudicando a relação de *accountability*. Com alguém que pensa dessa forma, a melhor abordagem talvez seja não ter quase nenhum ponto de contato. Mas com outras pessoas menos organizadas e não tão confiáveis, você precisará fazer algo mais. Em vista da tendência dessas pessoas de ficarem na defensiva, o que funciona é tornar o acompanhamento uma rotina a ser combinada no momento da promessa, de forma que o acompanhamento não será visto como um ataque, mas como parte de um relacionamento normal entre vocês dois. Com o tempo, você começará a sentir com quais pessoas precisa ter um contato mais próximo.

2. Crie um cronograma aproximado

Se o prazo para a entrega do trabalho negociado for maior que alguns dias, você poderá precisar acompanhar como a pessoa está indo em relação a esse prazo. Se a promessa for de longo prazo, será melhor dividir a tarefa em partes menores e estabelecer metas ao longo do caminho. Com isso será possível rastrear o progresso e ajudar com alguma correção de curso, caso seja necessário. Não cometa o erro de deixar para fazer esse acompanhamento muito mais tarde. Quanto mais esperar, mais difícil será corrigir qualquer problema a tempo antes da data final.

3. Programe sessões de acompanhamento pontuais e convenientes

A menos que tenha total confiança de que o Concedente cumprirá a promessa a qualquer custo, é melhor criar um

DEPOIS DA PROMESSA O papel do Solicitante ❓

cronograma com sessões de acompanhamento pontuais e convenientes com essa pessoa. Envolva o Concedente no processo. Use seu bom senso para estabelecer o nível de acompanhamento necessário, qual o melhor tipo de acompanhamento e a frequência. Você pode sugerir de se encontrarem ou se falarem uma vez por mês ou por semana para verificar o que já foi concluído e se existe algum obstáculo previsto que poderia causar dificuldades mais adiante no cumprimento da promessa. Esses pontos de checagem são uma oportunidade para resolver problemas e também para comemorar o que já foi concluído e se certificar de que tanto você quanto o Concedente estão satisfeitos de que tudo está sob controle. Mantenha a pressão antes do prazo final da entrega de um trabalho ou antes de um objetivo financeiro final ser atingido. Você terá a oportunidade para orientar, redirecionar e ajudar a outra pessoa a ajustar suas prioridades.

> 🔍 **ESTUDO DE CASO**
>
> Você está esperando detalhes de um produto novo que pretende oferecer a seus clientes e depende de sua chegada para atingir suas metas de venda. A data de entrega foi combinada entre você e o pessoal do produto em uma "conversa de comprometimento" há dois meses. Essa data é daqui a quatro meses. Se houver atraso na entrega do produto, você terá que realmente se esforçar muito para encontrar outras formas de atingir sua meta de vendas. Quanto mais souber sobre um possível atraso do produto, mais chance terá de tomar alguma providência, para então cumprir a promessa que fez a seu chefe. Você poderia marcar uma reunião mensal com o pessoal do produto com o qual havia combinado a data de liberação. Nesse caso, poderia verificar se eles ainda

> esperam entregar os dados na data combinada, ouvir como está indo o processo, perguntar se há algo que poderia fazer para ajudar e descobrir se eles poderiam liberar alguma parte antes. Também poderia falar sobre os riscos para toda a companhia se a meta de vendas não for atingida.

Por fim, informe o Concedente de que você fará um acompanhamento. Gerenciar a cultura tem tudo a ver com enviar sinais que dizem às pessoas "o jeito que fazemos as coisas por aqui". Ao informar que considera importante fazer um acompanhamento, você estará enviando um sinal de que leva promessas a sério.

Manter a posição

De forma quase inevitável, surgirão eventos no caminho das pessoas que estão tentando cumprir suas promessas. Como você escolhe lidar com esses eventos inesperados é que determinará se a promessa será cumprida ou não e se você terá êxito em manter uma relação que ajudará você e o Concedente a melhorarem o trabalho em conjunto para produzir os resultados que ambos desejam.

Ficar firme

Se existe um momento certo para se mostrar razoável durante o processo de *accountability*, esse momento é antes da promessa e durante a fase de negociação, não depois. A maioria das pessoas faz o contrário. Não se mostram razoáveis no momento da negociação – estabelecendo metas e exigências não razoáveis – e depois vão abrindo mão do que exigiam durante o processo quando seus objetivos não são cumpridos. Se fizer exigências justas e permitir ao Concedente fazer escolhas e ter a oportunidade de negociar ou dizer "não" ao que você estiver pedindo, eles estarão conscientes ao aceitar o desafio. Como Solicitante, dessa forma você terá obtido o direito de ficar firme no seu pedido.

Essa é a fase que a maioria das pessoas considera mais desafiadora. Quando tudo começa a sair dos trilhos, e o Concedente de uma promessa começa a dar justificativas, jogar a culpa nos outros, entrar em modo de negação e se defender, é a maneira como você reage que determinará o resultado final. Quanto mais hesitar e aceitar seus argumentos, mais você renunciará à possibilidade dessa pessoa surgir com uma outra forma inovadora de alcançar o mesmo objetivo.

Dar feedback positivo quando possível

As pessoas entregam melhores resultados para aqueles que respeitam e apreciam e para aqueles com quem gostam de trabalhar. Em toda organização, todo profissional tem de lidar com muitas tarefas e responsabilidades e muitas pessoas sentem-se estressadas e acham difícil atribuir prioridades. Nesse contexto, você quer que seu pedido e a promessa que foi feita continuem como a principal preocupação de seu Concedente. Demonstrar apoio e valorizar o que ele está fazendo, e o que já fez para você no passado, coloca o relacionamento de vocês em um patamar que torna mais aceitável sua intenção de cobrar a promessa. É aceitável ter empatia pela sua carga de trabalho, mas isso não significa aceitar esse fato como desculpa por não prestar contas pelas promessas que fez. É difícil se equilibrar entre essas duas abordagens, mas tudo ficará mais fácil quanto mais você criar uma relação de confiança e respeito com a outra pessoa.

O poder da correção criativa

Uma das principais diferenças entre uma intenção e uma promessa é que a última inclui um contrato de *accountability*. Se, depois da promessa, o Concedente não tiver previsto de forma adequada os riscos e estiver com dificuldades para cumprir o prometido, fará toda a diferença o fato de vocês terem tido uma conversa de comprometimento antes da promessa e de o Concedente ter dado sua palavra. É muito provável que um Concedente que sente que deu sua palavra de forma consciente tentará buscar e encontrar uma forma diferente de ainda cumprir o prometido, se e quando algum problema surgir. Ao se agarrar a uma promessa e dizer "Não estou preparado para desistir", você força esse indivíduo a ser mais criativo. Não é preciso ser desagradável, é só permanecer firme e lembrar que "Uma promessa é uma promessa. Foi isso que você me disse que poderia fazer. Por favor, agora vá e encontre um jeito".

> Não aceite desculpas; em vez disso se esforce em ajudar o Concedente a encontrar soluções.

De forma ideal, as soluções deveriam vir do Concedente. Mas, em muitos relacionamentos entre o Solicitante e o Concedente, especialmente entre um líder e membros de sua

DEPOIS DA PROMESSA · O papel do Solicitante

equipe, o Concedente também faz o papel de coach e pode ajudar o Responsável a encontrar soluções. Mas, se você, como Solicitante, estiver no papel de líder, tente resistir à tentação de fazer você mesmo o trabalho. Mais do que conseguir que a promessa seja cumprida, seu papel também é ajudar seu pessoal a construir a competência de entregar resultados e aprender a cumprir promessas; pegar o trabalho de volta não irá ajudar.

Algumas vezes o Concedente fica preso em meio a uma série de premissas limitantes e se propõe a trabalhar dobrado para tentar cumprir o prometido. Como Solicitante, você pode ajudar o Concedente sugerindo soluções criativas e inovadoras. "Imagine que você tenha de entregar o dobro do resultado que havia prometido. O que você faria?" é uma ótima pergunta para que as pessoas comecem a pensar completamente diferente, porque é muito provável que não será possível alcançar o dobro do resultado só trabalhando mais do que já estão fazendo.

> **ESTUDO DE CASO**
>
> Imagine que o Concedente prometeu entregar em três meses a documentação para ajudar em um processo novo que sua organização está introduzindo. Eles estão atrasados e parece que levarão quatro meses, então estão trabalhando dobrado para deixar tudo preparado. E se você, como Solicitante/Coach, sugerir para eles irem até os usuários finais desse processo, os usuários que deverão ler e entender esses documentos que eles têm de preparar?
>
> Seguindo sua sugestão, o Concedente poderia se encontrar com os usuários finais e perguntar exatamente o que estão fazendo agora e o que

> precisarão no futuro, acabando por descobrir que metade do que iriam preparar é supérfluo, já que partes do processo simplesmente repetem o que os usuários já estão fazendo. O Concedente fez uma suposição, comprometeu-se para três meses, está atrasado e trabalhando em dobro para entregar o resultado. Mas com uma só iniciativa, indo conversar com um grupo de pessoas com quem não havia falado antes e fazendo as perguntas que ninguém tinha feito, ele descobriu que poderia reduzir pela metade seu prazo de entrega.

Dessa forma, continue engajado, faça perguntas estratégicas, mantenha a pressão, mas ao mesmo tempo seja solidário e ofereça orientação. Um dos motivos pelos quais as pessoas não gostam de fazer acompanhamento quando estão no papel de Solicitante é sua preocupação com a possibilidade de ter de lidar com as consequências e conversas difíceis envolvidas. Em geral, todo mundo prefere disfarçar, continuar com sua vida e deixar para lá, mas convido você a desafiar o *status quo*. Mantenha-se firme. Uma vez que alguém te fez uma promessa, espere que ela seja cumprida, não importa o que aconteça. Uma pessoa de sucesso não esperaria menos que isso.

Como lidar com "desculpas razoáveis"

Quando você começa a levar as promessas a sério, também começa a perceber um comportamento muito curioso ao seu redor: pessoas se esquivando das responsabilidades. As pessoas não só tentarão evitar prometer algo em primeiro lugar, mas caso você consiga com que o façam, elas começarão a encontrar desculpas quando as dificuldades aparecerem.

DEPOIS DA PROMESSA   O papel do Solicitante

Normalmente, essa tentativa de se esquivar será diretamente proporcional à complexidade da promessa. É difícil se esquivar de uma promessa simples, mas uma promessa mais sofisticada proporciona todo tipo de oportunidade para justificar por que, por razões sempre fora do controle do Concedente, não será possível cumprir o combinado.

Ao se deparar com momentos como esse, normalmente você ouvirá um coro que tentará ser convincente e que eu chamo de "desculpas razoáveis", todas elas com o mesmo propósito: se livrar da obrigação.

"Desculpas razoáveis" são justificativas que as pessoas dão para as razões pelas quais algo não pode ou não será feito. Isso não significa que essas "desculpas razoáveis" não tenham um fundo de verdade: geralmente têm. Veja alguns exemplos de "desculpas razoáveis" comuns:

"O concorrente lançou um produto melhor que o nosso."/"Recebi mais um monte de trabalho de outra pessoa."/"Tenho estado doente."/"O outro departamento não enviou o material que eu precisava para fazer o trabalho."

É claro que existem desculpas que você achará razoáveis, eventos que não poderiam ser previstos, por exemplo, uma doença ou falecimento, e nessas situações você aceitará negociar os termos da promessa. Mas, mesmo nessas circunstâncias, quando o evento imediato tiver passado, seria conveniente sugerir que ter um plano B para cobrir eventos dessa natureza seria uma excelente forma de mitigar problemas no futuro.

> ### 🔍 ESTUDO DE CASO
>
> Algum tempo atrás, eu estava trabalhando com um grupo que prestava consultoria em engenharia para seus clientes. Eles haviam perdido recentemente um contrato importante e o motivo dado pelo cliente era que constantemente perdiam prazos. Quando a líder questionou o gerente da conta, sua resposta foi que "O cliente sempre se atrasava para dar as informações de que precisávamos para preparar nossa orientação". Então, a culpa era do cliente. Pode muito bem ser verdade que o cliente não fornecia as informações em tempo hábil. Assim, essa seria uma "desculpa razoável" e, como Solicitante, seria fácil responder com um "Oh, que situação difícil! Entendo, você realmente está numa posição impossível". Mas essa líder não fez isso. Ela achava que era responsabilidade do gerente da conta solucionar esse problema logo que surgiu. Seja para conseguir solucioná-lo com seu ponto de contato no cliente, para levá-lo a outro nível hierárquico ou para informar o cliente desde o início que essa situação impactaria o prazo de entrega. Todas essas alternativas poderiam ter mudado a situação e permitido que a promessa ainda fosse cumprida.

Como Solicitante, se alguém deu sua palavra, você tem todo o direito de esperar que ela seja honrada. Ao lidar com "desculpas razoáveis", você sempre receberá aquilo que aceitar, não se dê por vencido ou desista do que quer. Se aceitar uma desculpa, você terá de se contentar também com resultados abaixo do que gostaria ou esperaria. Às vezes, essa é a única opção. Você pode concluir que independentemente de o Concedente assumir a responsabilidade de encontrar uma solução, não será possível resolver o problema dentro

DEPOIS DA PROMESSA — O papel do Solicitante ❓

do prazo prometido. Essas situações acontecem. Mas pode haver a oportunidade de aprendizado para uma próxima vez, de implantar um plano B de forma que se algum problema surgir novamente, você e o Concedente estarão numa situação melhor para reagir.

Por exemplo, a pandemia da COVID-19 é uma circunstância que fez com que as pessoas e organizações quebrassem muitas promessas. As organizações e os governos poderiam ter previsto a pandemia? Sim – especialistas em saúde pública têm alertado há anos sobre o perigo de uma pandemia global. Mas muitos não o fizeram. Eles aprenderam com a experiência, mas muitas vezes não rápido o suficiente para cumprir promessas que já haviam sido feitas. Outros conseguiram fazer ajustes rapidamente e mantiveram-se no curso. Aqueles que aprenderam mais rápido foram os que não usaram a pandemia como "desculpa razoável", mas, ao contrário, encontraram formas inovadoras de ainda cumprir suas promessas com os clientes.

> **Perguntas para alguém que dá "desculpas razoáveis"**
>
> 1. Em vista de X (o obstáculo ou a circunstância externa), o que você pode fazer para garantir que esse projeto/essa tarefa ainda seja realizado/a no prazo?
> 2. Quais são os cursos de ação alternativos disponíveis?
> 3. O que você aprendeu com o que aconteceu e como isso afetará suas iniciativas da próxima vez?
> 4. Quais são as estratégias de mitigação de risco disponíveis?

Apelar para a honra

Você pode delicadamente lembrar uma pessoa de que ela deu sua palavra e que não a manter diminuirá sua credibilidade e seu senso de honra. Você quer que a outra pessoa mantenha sua palavra porque ela quer também, pois isso aumentará seu próprio senso de valor e de ser uma pessoa confiável e honrada. Esse motivo é mais poderoso e produz um maior senso de confiabilidade do que quando se faz algo visando uma recompensa ou por receio de punição.

A motivação intrínseca dá resultado mesmo quando ninguém está olhando.

Ser transparente é importante para manter a pressão. Sem justificativas ou "desculpas razoáveis", simplesmente com fatos. Quando agradece alguém por manter sua palavra ou tem uma conversa difícil devido a uma promessa não cumprida, você está criando uma motivação intrínseca nessa pessoa por meio do orgulho ou arrependimento.

Em um ambiente de equipe, a apresentação transparente de relatórios mostrando a situação de várias promessas tem o poder de aumentar a pressão dos colegas. Todos querem ver seus comprometimentos com um sinal verde ao lado em vez de vermelho, indicando que estão no caminho certo.

Renegociar a promessa

Às vezes, você terá motivo para atraso ou problema em manter uma promessa o qual considerará válido e precisará renegociar. Se isso ocorrer, faça a seguinte pergunta a si

DEPOIS DA PROMESSA — O papel do Solicitante

mesmo: "Fiz tudo o que era possível para superar esse problema?".

Se quiser aceitar o motivo e puder dizer honestamente que explorou todas as possibilidades para facilitar o cumprimento da promessa, vá em frente e renegocie. Mas tente aprender com essa experiência. Pergunte-se: "O que deu errado e o que posso fazer para garantir que isso não se repita?".

Se achar que terá de renegociar uma promessa, é provável que descobrirá que faltou algo na fase de planejamento ou algum resultado não foi levado em consideração na antecipação e mitigação de riscos do Concedente. À medida que desenvolve suas competências em negociar com um Concedente, você descobrirá que precisa renegociar menos. Mais bases serão cobertas e você conseguirá manter sua posição com o conhecimento de que uma promessa pode ser cumprida.

Quando uma nova promessa for oferecida, o ciclo de promessa se reinicia e você precisará negociar com o Concedente até conseguir uma promessa com a qual se sinta confortável. O contrato da promessa começa quando ambos atingem esse ponto.

O papel do Concedente ✓   **Accountability** no trabalho

Manter-se no caminho

Como planejar suas ações

A maioria das atividades é mais bem conduzida se você planejou antecipadamente como elas acontecerão. Se sua promessa for simples, o planejamento será feito na sua cabeça e levará alguns minutos. Se for uma promessa grande e sua realização se estender por bastante tempo, seu planejamento precisará ir mais fundo e ser mais abrangente.

Escreva o que pretende fazer. Reserve um tempo, sozinho ou com outras pessoas, para compreender exatamente o que será preciso para cumprir a promessa. Talvez seu plano não vá além de marcar algumas datas na sua agenda que você manterá livre para uma tarefa importante relacionada à sua promessa. Isso funciona se tiver prometido a um cliente uma proposta até um determinado dia, por exemplo. Se sua promessa envolver atingir uma determinada receita daqui a alguns meses, seu plano será muito mais detalhado. De qualquer forma, você precisa de algo tangível para ter condições de verificar o progresso.

Antecipação de riscos

> **antecipação** substantivo
> Perceber algo antecipadamente, prever

Saber antecipar riscos é uma competência essencial para poder manter sua palavra durante todo o cumprimento do contrato de *accountability*. Se já realizou o processo de

DEPOIS DA PROMESSA — O papel do Concedente ✓

planejamento conforme descrito na primeira metade deste livro, já terá feito a lição de casa e identificado alguns dos riscos associados à promessa feita.

Estamos definindo risco da forma mais abrangente possível, isto é, qualquer evento ou fato que poderia ocorrer e prejudicar sua capacidade de cumprir uma promessa. Fica muito mais fácil mitigar riscos se você os prever com antecedência. Se não o fizer, provavelmente mais tarde terá de tentar encontrar soluções. Alguns riscos não podem ser previstos; outros podem.

Prever riscos é tão simples quanto parar por um momento, ou um dia, dependendo do tamanho de seu problema, e se perguntar: "O que poderia acontecer que colocaria essa promessa em perigo? O que eu poderia fazer para minimizar seu impacto?".

Mitigação de riscos

> **mitigação** substantivo
> Tornar algo menos grave

1. Como reduzir riscos

Ao planejar o que fazer para cumprir sua promessa, procure pensar em algum momento crítico e faça planos alternativos para lidar com esse momento antecipadamente.

> 🔍 **ESTUDO DE CASO**
>
> Vamos imaginar que uma de suas designers foi indicada para um importante prêmio internacional e você calculou sua probabilidade de vencer como uma em cinco. Você

> precisa que ela complete sua parte em um projeto relacionado a uma promessa sua, mas se vencer, ela terá de viajar até São Francisco para receber o prêmio. A cerimônia de premiação caiu de paraquedas no meio de seu projeto e poderia impactar seriamente a conclusão e sua promessa ao Solicitante. Mesmo que tivesse um designer reserva esperando nos bastidores, você poderia perder a continuidade do estilo se fizer essa troca. Em vez de correr o risco de isso acontecer, você contorna o problema contratando outro designer desde o início do projeto.

2. Como construir um plano B

Algumas situações justificam ter um plano que só entraria em ação se o risco previsto realmente ocorresse, em vez de fazer isso antecipadamente. Por exemplo, no início da pandemia da COVID-19, algumas organizações conseguiram alterar rapidamente seu modelo de negócios porque já previam como operariam se seu pessoal tivesse de começar a trabalhar em casa. Elas até poderiam ter se preparado antecipando algo diferente, como uma grande greve no sistema de transporte, mas a verdade é que pensaram antes e anteciparam o básico. Outras organizações não tinham um plano B e foram menos ágeis para se adaptar e assegurar a continuidade dos negócios.

> ### 🔍 ESTUDO DE CASO
>
> Há alguns anos, uma consultoria especializada em serviços de treinamento e formação de equipes para seus clientes decidiu reduzir seu risco de depender da entrega presencial de seus serviços a equipes reunidas durante alguns dias em algum hotel ou instalação para eventos de workshop. Eles diversificaram e introduziram

> serviços de facilitação virtual, que ficavam mais baratos para seus clientes porque não envolvia viagens, o que significava que poderiam facilmente juntar equipes internacionais de forma virtual. Durante vários anos, essa consultoria dominou a formação de equipes virtuais, enquanto outras pensavam que isso era impossível. Como tinha um plano A e um plano B, essa empresa havia reduzido o risco de não cumprir as promessas feitas aos clientes e acionistas. Quando surgiu a pandemia, eles conseguiram se adaptar rapidamente para serviços 100% virtuais e seus clientes, ansiosos por formas de manter os funcionários trabalhando durante a quarentena, reagiram com entusiasmo.

Se considerar provável a ocorrência de uma determinada situação que pode ser um obstáculo para o cumprimento da promessa, você poderá decidir – logo no início – mitigar esse impacto com um plano B.

Priorização proativa

Após a promessa ter sido feita, é inevitável que surjam outros pedidos que poderiam potencialmente prejudicar o cumprimento da promessa original. Você pode dizer "sim" a elas sem considerar as consequências ou sentir que não tem outra alternativa a não ser assumir a carga extra de trabalho. À medida que a situação se agrava, é fácil se sentir assoberbado e que o controle está escapando. O que ocorre, tradicionalmente, é que as pessoas tentam priorizar suas atividades em vez de priorizar seus objetivos, o que leva a um sentimento de estar sendo "esmagado". Há tantas possíveis atividades que parece quase impossível quando você tenta ordená-las em uma lista.

> **O papel do Concedente** ✓

Accountability **no trabalho**

Assim que ficar claro o que é importante para você, a priorização torna-se algo muito simples.

Sua lista de objetivos poderia ser a seguinte:

- *Prometer a seu chefe atingir as metas mensais de produção.*
- *Prometer participar de um programa de treinamento sobre segurança que fará com que sua equipe fique fora da empresa durante dois dias.*
- *Prometer a algum outro departamento da empresa entregar alguns relatórios sobre manutenção para uma análise de eficiência que eles estão conduzindo.*
- *Decidir iniciar o planejamento para lidar com uma paralisação prevista para manutenção daqui a três meses.*
- *Prometer à sua família chegar em casa uma hora mais cedo durante toda a semana, porque seu marido/sua esposa está tendo aulas na faculdade à noite.*

Se, ao fazer isso, perceber que fez mais promessas do que pode cumprir, você terá de escolher com qual Solicitante precisará renegociar. Mas antes disso, certifique-se de não ter deixado escapar nada ou deixado de lado algum jeito de dar conta de todas essas tarefas. Na próxima seção, apresentaremos uma ferramenta para ajudar você a se sentir mais no controle e menos sujeito a decisões tomadas pelos outros.

Assumir os problemas

Como ficar "acima da linha"

"Desculpe pelo atraso, o trânsito (ou o transporte público) estava horrível".

É a desculpa clássica quando se chega atrasado a uma reunião de manhã. Observe como a culpa é colocada em um evento externo e não no indivíduo atrasado. Pense nessa atitude como passando para "abaixo da linha". A pessoa irá culpar eventos externos ou outras pessoas por seu erro de cálculo e esse tipo de atitude cria uma mentalidade de vítima e deixa a pessoa desamparada. Não é uma mentalidade que leva a soluções criativas.

Por outro lado, passar para "acima da linha" deixa você no controle, e não sujeito ao trânsito, exigindo um modo diferente de se expressar:

"Não previ que o trânsito estaria tão ruim".

Essa frase coloca a responsabilidade pela previsão e pelo planejamento da jornada sobre a própria pessoa. É sua total responsabilidade o modo como vai lidar com o trânsito na cidade.

Cumprir promessas exige responsabilidade pelos resultados, independentemente de fatores externos. O foco é encontrar uma solução, e não buscar alguém ou algo para culpar. As pessoas abaixo da linha geralmente usam pronomes como "você", "eles" ou "isso", enquanto aquelas acima da linha preferem "eu" e "nós".

Todos passamos para abaixo da linha de vez em quando. Mas quanto tempo ficamos lá e a rapidez com a qual corrigimos o curso dependerá de assumir responsabilidades.

O papel do Concedente ✓   **Accountability no trabalho**

> 🔍 **ESTUDO DE CASO**
>
> Mônica tinha prometido a seu gerente atingir a meta de vendas em três meses. Mas com um mês, os números estavam longe da meta.
>
> Suas respostas abaixo da linha nessa situação são aquelas que normalmente você ouviria em sua empresa: "Para começar, esses números não estavam corretos, as metas me foram impostas" (culpando outros) ou "Estava falando com um concorrente, e eles estão ainda pior" (justificativa). Às vezes, ela culpava outro departamento: "O pessoal do Marketing não realizou a campanha a tempo".
>
> Essas respostas abaixo da linha geraram uma imagem de vítima — alguém que não estava em condições de encontrar uma solução dinâmica. Nada mudou nos próximos dois meses e a meta de vendas realmente não foi atingida.
>
> Luís tinha uma meta idêntica e estava acompanhando tudo quando deu um mês. Ele adotou uma abordagem acima da linha. "Não trabalhei o suficiente com o pessoal do Marketing para explicar por que era tão essencial para minhas vendas que conduzíssemos a campanha a tempo", ele disse a si mesmo. Sua próxima iniciativa lógica foi pensar "Preciso ligar para o Marketing agora para verificar se existe uma forma de recuperar esse atraso". Ele ligou, eles encontraram uma solução, e Luís conseguiu dar a seus clientes um prazo certo para os novos produtos e fez com que concordassem em antecipar pedidos.

Passar para acima da linha coloca você no controle. Frases como "não antecipei" ou "não previ" sugerem que você tem o poder de consertar erros em vez de ser uma vítima indefesa de eventos externos.

DEPOIS DA PROMESSA — O papel do Concedente ✓

> Uma característica de pessoas de sucesso é que elas se enxergam como parte da causa do que ocorre, e não como uma vítima à mercê dos acontecimentos.

Passar para abaixo da linha é uma atitude passiva: a vida simplesmente passa por você em vez de você ter uma influência sobre ela. Pessoas de sucesso ficam acima da linha: poucas coisas em sua vida acontecem devido à sorte, acaso, mágica ou forças externas.

Como fazer uma nova promessa

Às vezes, podem surgir circunstâncias para as quais você não consegue encontrar uma solução criativa e como resultado não será possível cumprir a promessa que fez. Quando percebe isso, você precisa buscar e fazer uma adaptação à promessa a ser entregue ao Solicitante.

Na maioria das circunstâncias, o Solicitante ainda vai querer que você entregue o melhor resultado possível. Isso significa adaptar sua promessa. Talvez uma data mais para frente, um escopo diferente ou se comprometer a que algo que ocorreu não vai se repetir. Antes de alertar o Solicitante sobre as dificuldades de cumprir a promessa, pense em como será sua oferta nova e coloque-a na mesa. Ela precisa satisfazer todos os critérios de qualquer promessa em termos de clareza e viabilidade.

Não deixe de conversar com o Solicitante visando a evitar um conflito, porque isso só vai causar mais danos. Essa atitude não só criará uma reputação de alguém não confiável, mas você também ficará conhecido como alguém que não assume a responsabilidade por uma promessa quebrada. Para a maioria das pessoas, a segunda é uma falta muito mais grave do que a primeira.

Aqui sua honra está em jogo. No melhor cenário, você constrói sua honra mantendo sua palavra, mas no lugar disso, a segunda melhor alternativa é se manter honesto, corajoso e humilde. Mostre que você é uma pessoa que aprende, sendo proativo e pedindo para renegociar sua promessa e assumindo a responsabilidade pelo fato de a promessa original não ter sido cumprida.

5
O RESULTADO

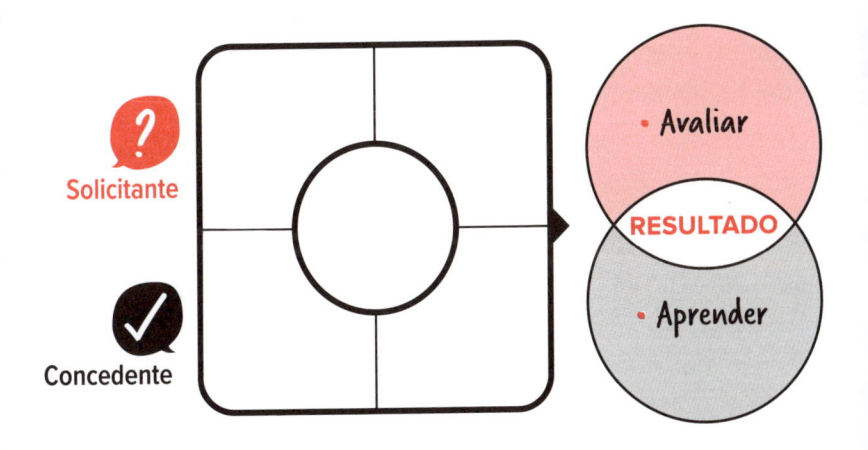

- Avaliar
- Aprender

RESULTADO

Solicitante
Concedente

> **consequência** substantivo
> Efeito, resultado ou desdobramento de algo que ocorreu antes

Todo resultado tem uma consequência, tanto para o Solicitante quanto para o Concedente. Quando se menciona a palavra "consequência", as pessoas tendem a pensar em suas conotações negativas. Prefiro pensar que é algo que abre ou fecha janelas de possibilidades. A consequência de levantar tarde pela manhã poderia ser se atrasar para o trabalho. Da mesma forma, a consequência de levantar mais cedo poderia ser chegar ao escritório antes de todos. A consequência de honrar sua palavra poderia ser receber uma bonificação e a de quebrar sua palavra poderia ser não receber esse prêmio. Consequências podem ser positivas ou negativas. Mas, mesmo quando negativa, é possível usá-la como uma oportunidade de aprendizado e se tornar mais confiável no futuro.

O RESULTADO

O papel do Solicitante ❓

Avaliar

A promessa foi cumprida?

Ter uma promessa definida com clareza e com um sistema de mensuração desde o início é essencial se você for aplicar consequências. Após colocar em curso um contrato, uma promessa será cumprida, ou não. Recompensar ou atribuir alguma consequência negativa quando uma promessa não foi bem estabelecida e seu cumprimento foi vago acabará com seu trabalho de construir *accountability*.

As consequências aparecem quando uma promessa é cristalina e seu cumprimento – ou descumprimento –, claramente visível. Quando for visível para ambos, as duas partes se sentirão mais à vontade com as consequências. A resposta à pergunta "Você cumpriu sua promessa?" deve ser um claro "sim" ou "não". Se for "sim", essa clareza será bem satisfatória para vocês dois, o Solicitante e o Concedente. Se for "não", faça uma autoanálise antes de começar a explorar com o Concedente as razões da promessa não ter sido cumprida. Fique acima da linha e pergunte "Foi algo que eu fiz ou não consegui fazer, como Solicitante, que pode ter levado a essa situação?". Os Solicitantes tendem a culpar imediatamente o Concedente, mas geralmente o aprendizado será útil para ambas as partes.

> **O resultado: lista de verificação do Solicitante**
>
> 1. Me certifiquei de que o Concedente tinha um objetivo e medidas claramente definidas?

> 2. Discuti um sistema de rastreamento para que pudéssemos fazer um acompanhamento?
> 3. O Concedente sabia o que tinha de fazer para cumprir a promessa?
> 4. Será que eu o treinei e o orientei em seu trabalho?
> 5. Estava disposto a cobrar resultados e não aceitar desculpas por algum mau desempenho que senti que poderia ter sido previsto e mitigado?
> 6. Reforcei positivamente os comportamentos desejados ao dar feedback construtivo de forma regular?

Se respondeu "não" a alguma dessas perguntas, pode ser que você tenha de corrigir algo primeiro. Assuma responsabilidade por seu papel no cumprimento da promessa.

Chegar à raiz do problema

Assim que tiver terminado a lista de verificação do Solicitante, é hora de verificar por que a promessa não foi cumprida. Se a promessa for grande e você desejar manter esse relacionamento no futuro, será melhor conversar por videoconferência ou presencialmente. Para muitos Solicitantes, essa é uma conversa desconfortável e eles tendem a não realizá-la ou fazê-la por e-mail. Apesar de difícil, olhar alguém nos olhos enquanto tem essa conversa aumentará a probabilidade de ela ser considerada de forma positiva. Você não vai querer entrar no jogo da culpa ou justificação aqui, é só se ater aos fatos e perguntar "o que aconteceu?".

O RESULTADO

O papel do Solicitante ❓

> **Razões comuns para a promessa não ser cumprida**
>
> - uma "desculpa razoável" para uma situação que o Concedente poderia ter superado
>
> - um problema de atitude: o Concedente não leva a sério a *accountability*, o que tem implicações sobre se ele é a pessoa certa para pedir ou entregar um resultado para você no futuro
>
> - uma questão de competência: o Concedente (e provavelmente você também) superestimou a complexidade da tarefa e não tinha a experiência necessária para realizá-la. Será necessário mais treinamento ou suporte da próxima vez
>
> - uma questão de processo: o Concedente teve dificuldades em relação ao modo como a promessa foi cumprida. É provável que isso cause as mesmas dificuldades da próxima vez, a menos que haja mudanças no processo
>
> - uma razão aceitável, que o Concedente não poderia ter feito nada para superar, em sua opinião

Ao identificar a causa, você conseguirá ver o que será necessário para corrigir a forma de trabalhar do Concedente, ou quais consequências precisará aplicar. Você é quem decide o que fazer quando uma promessa não é cumprida. O mais importante é implantar alguma medida relacionada às consequências.

Considerar as consequências

Há uma série de consequências que podem vir a ser aplicadas quando uma promessa não é cumprida. Desde conversar com o Concedente para ver o que ele faria para corrigir o que deu errado em outra oportunidade e garantir que o mesmo problema não ocorra novamente até pedir para ele deixar a organização ou decidir terminar o relacionamento de negócios. A única coisa que não irá funcionar será não fazer nada.

> **Dicas para navegar pelas consequências**
>
> 1. Informe o Concedente de que você sabe que ele não honrou sua palavra.
>
> 2. Informe o Concedente sobre como você se sente em relação a isso e o impacto que isso teve para você.
>
> 3. Veja se ele concorda que uma promessa foi quebrada. Algumas vezes você poderá descobrir mal-entendidos em relação à natureza exata da promessa.
>
> 4. Descubra o que ele pensa sobre como o problema pode ser corrigido. Se você aceitou suas "desculpas razoáveis", defina como o Concedente poderia atuar de forma diferente da próxima vez e como vocês dois consideraram essas "desculpas razoáveis" na promessa em primeiro lugar. A promessa deveria ter sido vista somente como uma intenção, em vista das circunstâncias imprevistas que acabaram surgindo?

Pessoas que quebram promessas de forma recorrente

Se uma pessoa nunca mantém sua palavra, é melhor ter sessões regulares de acompanhamento com ela. Utilize todos os princípios cobertos aqui, inclusive dividir a promessa em várias partes menores, e mantenha a pressão.

O RESULTADO

O papel do Solicitante ❓

Não permita que pessoas com péssimo desempenho escapem impunes durante muito tempo. Não fazer nada a respeito envia uma mensagem a outras pessoas de que a *accountability* não é importante para você.

Se tudo isso falhar, volte para "O resultado: lista de verificação do Solicitante" na página 79. Se puder dizer honestamente que seguiu cada item dessa lista, pode ser hora de questionar se essa pessoa, seja um fornecedor ou alguém de sua equipe, é alguém de quem você quer depender.

Lembre-se: se você for o líder e tiver pessoas em sua equipe que não cumprem promessas de forma consistente, o desempenho de sua equipe será ruim. Como líder, você é responsável pela soma total das contribuições feitas por sua equipe. Você não pode se dar ao luxo de ter um ou mais membros de sua equipe puxando o time para baixo a longo prazo. Se essa pessoa ou essas pessoas continuarem em sua equipe e nada mudar, você estará evitando essa questão.

> Em uma cultura robusta de *accountability* (promessa), você tem uma justa causa para deixar alguém de lado, caso fique comprovado que seu desempenho é consistentemente fraco.

Se puder demonstrar repetidamente que o desempenho está deixando a desejar, o processo de afastar essa pessoa da organização será muito mais fácil. Alguém que não honra sua palavra não irá, e nem deverá, sobreviver por muito tempo em uma cultura com um alto senso de *accountability*. A saída dessas pessoas serve para reforçar a cultura para todos os outros membros, pois o líder será visto como alguém que pratica o discurso.

Assim que um mau desempenho for trazido à tona e todos os esconderijos usuais de ambiguidade, justificativas, "desculpas razoáveis" e procrastinação forem expostos, aqueles com péssimo desempenho irão rapidamente pular do barco antes de serem empurrados. A situação torna-se desconfortável demais para eles. Enquanto isso, os membros de sua equipe com ótimo desempenho irão florescer.

> **ESTUDO DE CASO**
>
> Uma empresa para a qual eu e meus colegas estávamos prestando consultoria buscava criar uma cultura de *accountability* e, após muito trabalho durante três anos, eles sentiram que tiveram sucesso em boa parte da empreitada. Como empresa e também como indivíduo, sua capacidade de entregar os resultados prometidos tinha aumentado exponencialmente. O gerente de RH me contou que aproximadamente 10% de seu pessoal tinha vindo até ele em busca de ajuda para encontrar emprego em outro lugar. Elas achavam a situação muito estressante, sentiam falta da cultura anterior e não se encaixavam mais. Ele conseguiu fazer isso acontecer. A maioria das vagas foi preenchida com a promoção de pessoas mais jovens, excelentes em manter sua palavra. A empresa inteira experimentou uma renovação e manter a palavra tornou-se um desafio que as pessoas abraçaram com entusiasmo, e não algo imposto.

O RESULTADO **O papel do Solicitante** ❓

Celebração

Celebrar é a consequência positiva
de cumprir uma promessa.

Quanto mais as pessoas têm sucesso, mais elas acreditam que podem prosperar, e esse impulso cria uma espiral irrefreável de sucesso. Vale a pena observar que várias pequenas celebrações podem ter um impacto maior do que uma comemoração anual, mesmo que grandiosa. Agradecer e reconhecer toda vez que uma promessa for cumprida impacta mais do que uma grande bonificação. Isso é verdade entre dois indivíduos, e nas organizações.

Para garantir uma cultura de promessa positiva e solidária, é importante que reconhecimentos e recompensas sejam oferecidos quando uma promessa é cumprida. Recompensar as pessoas com frequência e em público por terem mantido sua palavra envia um sinal de que você leva as promessas a sério. As recompensas não precisam ser monetárias. Para um profissional de sucesso, receber alguma forma de reconhecimento ou agradecimento pode ser tão poderoso quanto um bônus financeiro ou outro reconhecimento. Uma promessa cumprida de forma excepcional poderia ser recompensada com esse trabalho sendo reconhecido em um fórum público, seu autor sendo escolhido para um projeto especial, sendo convidado para ser mentor de outras pessoas, ou sendo promovido. No caso de um fornecedor, naturalmente o reconhecimento poderia ser na forma de mais pedidos de trabalho. O reconhecimento de uma promessa cumprida confirma que o contrato está concluído e fecha o ciclo de sucesso.

O papel do Solicitante ❓　　　　**Accountability no trabalho**

Não confunda esforço com resultado. Recompensar esforços que não deram certo somente será possível em circunstâncias excepcionais quando, por exemplo, alguém tenta atingir um grande objetivo que ambas as partes haviam considerado como uma intenção, não uma promessa. Nessas circunstâncias, ter quase atingido a meta e ter assumido riscos que valeram a pena pode ser, por si só, algo a ser recompensado.

Qualquer recompensa deve ser percebida como justa. Recompensar pessoas que não cumprem promessas da mesma forma que aquelas que mantêm sua palavra é um insulto à promessa e só a desvaloriza. Você quer passar claramente a mensagem de que, uma vez feita, uma promessa deve ser cumprida.

O RESULTADO

O papel do Concedente ✓

🎧 Aprender

Analisar

Quando uma promessa é importante para você, e você não consegue cumpri-la, você irá sofrer muito. A forma de superar qualquer sentimento de fracasso é garantir que aprenda com o que aconteceu para assim conseguir aprimorar sua capacidade de fazer e cumprir promessas no futuro.

Uma promessa pode ser quebrada por várias razões, sendo que algumas delas podem ter ocorrido nas primeiras fases, antes de a promessa ser feita, e outras mais tarde. Uma característica dos profissionais de sucesso que invariavelmente honram sua palavra é que quando uma promessa é quebrada, eles analisam as causas com objetividade e de forma integral. Muitas vezes, mesmo quando uma promessa é cumprida, eles farão essa análise para verificar se poderiam ter prometido e, dessa forma, conseguido mais. Essa atividade é iniciada por você, como Concedente, talvez de forma totalmente independente do Solicitante, embora frequentemente essas análises sejam conduzidas de forma conjunta.

Uma mentalidade voltada para o aprendizado

> Se sua mentalidade for voltada para o aprendizado, as consequências de qualquer promessa podem ser positivas, mesmo se ela não for cumprida.

O papel do Concedente ✓ — Accountability no trabalho

Em primeiro lugar, você precisa passar para acima da linha e assumir responsabilidade. É fácil reagir a um fracasso utilizando respostas abaixo da linha comuns em relacionamentos e culturas corporativas sem o hábito e a capacidade de fazer e cumprir promessas. Infelizmente, nenhuma delas contém as sementes da mudança necessárias para dominar a arena das promessas.

Apresentamos a seguir algumas afirmações acima da linha que podem servir como alternativa para declarações abaixo da linha dadas frequentemente pelas pessoas quando as coisas dão errado:

Abaixo da linha	Acima da linha e buscando o aprendizado
"A demanda original não era razoável."	"Sabia que não era possível atender e não me posicionei de forma firme o suficiente perante o Solicitante. Simplesmente respondi 'sim'. Da próxima vez não farei uma promessa, a menos que saiba que possa cumpri-la."
"Surgiram eventos depois que dei minha palavra que não havia previsto."	"Preciso melhorar minha capacidade de prever o que poderia acontecer que me impedisse de manter minha palavra, de forma que ou faço promessas mais razoáveis ou consigo mitigar o que acontece no meio do caminho."

O RESULTADO   **O papel do Concedente** ✓

"Nunca realmente me comprometi com o pedido original. Isso foi imposto e não tive a chance de recusar."	*"Escolhi dizer que faria a tarefa, apesar de ter dúvidas naquele momento. Esperava que tudo fosse funcionar, mas isso não aconteceu. No futuro, só me comprometerei com pedidos que tenham sido adequadamente considerados por ambas as partes."*
"As pessoas ficaram me mandando outras tarefas e não consegui fazer tudo."	*"Não consegui negociar com os vários Solicitantes para que todos ficassem satisfeitos. Preciso aprender a priorizar meus objetivos."*
"Nem me lembro direito de terem me pedido para fazer o que dizem agora que não fiz."	*"Ouvi um pedido bem vago e não acompanhei para ver se o Solicitante estava realmente falando sério. Não insisti para que definissem com mais detalhes o que queriam de mim. No futuro, sempre pedirei esclarecimentos quando achar que estão fazendo um pedido."*
"As pessoas estão me culpando, mas há mais um monte de gente envolvida que também tem culpa."	*"Não consegui envolver outras pessoas importantes para que todos pudéssemos cumprir a promessa. Preciso negociar melhor essas interdependências da próxima vez."*

A coluna à direita apresenta a linguagem do aprendiz, da pessoa para quem as consequências de uma promessa não cumprida proporcionam experiências ricas de aprendizado que irão aperfeiçoar sua capacidade de fazer promessas mais razoáveis da próxima vez. Com o tempo, pessoas com essa mentalidade dominarão essa competência de fazer e cumprir promessas e sua reputação e confiabilidade aumentarão de acordo. As respostas na coluna à esquerda são de pessoas que provavelmente estarão dando as mesmas desculpas daqui a cinco anos.

Celebração

Você cumpriu sua promessa e está no caminho para se tornar um homem ou uma mulher de palavra. Se, segundo a famosa expressão, "você é tão bom quanto a sua palavra", então acaba de subir mais um ponto nessa escala.

Como já aprendemos, pessoas de excelente desempenho são impulsionadas por uma motivação intrínseca. São motivadas pelo desejo do sucesso e sua recompensa é o próprio sucesso e o sentimento de realização. Fazer e cumprir promessas a colegas lhe dá uma chance de sentir essa satisfação.

Uma promessa cumprida precisa de algum tipo de comemoração interna, no mínimo. Enquanto certas celebrações precisam ser ruidosas e em público, muitas vezes tudo o que é necessário é o reconhecimento discreto do que você fez para si mesmo. Simplesmente cerrar o punho e dizer "sim!". Vejo esportistas comemorando com esses pequenos rituais de reconhecimento pessoal após um belo chute ou gol. Veja, aprenda e faça o mesmo.

Mesmo que pequenas, as vitórias constroem a autoestima. Uma promessa cumprida é um sucesso, porque é o seu sucesso. Conseguir negociar a promessa certa – feita de forma a satisfazer as exigências do Solicitante e exibir todos os seus

O RESULTADO

O papel do Concedente ✓

talentos, mas não com tantas exigências que a probabilidade de sucesso será baixa – pode criar uma espiral de sucesso que levantará sua autoestima.

Depois de a promessa ser feita, no tempo que vai desde o seu comprometimento até o cumprimento da promessa, você conseguiu manejar todos os eventos que ocorreram e que poderiam ter te afastado do caminho certo. Eventos que outras pessoas descreverão como "desculpas razoáveis" por não terem cumprido a promessa e que para você foram obstáculos superados. Você levou a sério sua palavra e não ficou abaixo da linha. Provou a si mesmo ser uma pessoa de palavra. Algo de grande valor neste mundo e realmente um motivo para celebração.

POSFÁCIO

Durante os anos em que tenho trabalhado com várias organizações, ajudando-as a criar culturas responsáveis, nas quais dar sua palavra e honrá-la é a norma, uma companhia se destacou por sua excelência absoluta. Eles criavam o senso de *accountability* em todos que trabalhavam lá. Despertavam a motivação de realização que a maioria das pessoas têm dentro de si. Como resultado, esse era um lugar extremamente agradável de se estar – divertido, empolgante, recompensador, que inspira confiança.

As pessoas não entregavam resultados porque era obrigação ou porque tinham receio do que aconteceria se não o fizessem, ou porque receberiam um bônus. Mas sim porque esse era o seu desejo, porque o prazer de ter um desempenho excepcional nesse ambiente superava e muito o esforço exigido. As pessoas se tornaram empoderadas – não só porque seus chefes lhes deram poder, mas porque todos lá haviam aprendido que o poder era algo que poderiam agarrar com as duas mãos ao prometer e cumprir, criando uma reputação de confiança entre colegas e com seu chefe e seus clientes. Não é preciso dizer que os resultados eram excepcionais e ela era a empresa onde todos queriam trabalhar. Ela ainda é.

Também encontrei pessoas que trabalham para si próprias, cujo alto nível de satisfação com seu trabalho se baseia em grande parte na sua reputação de sempre entregar resultados. Na falta de uma equipe grande ao seu redor, sua recompensa

POSFÁCIO

é a voz silenciosa dentro de si que diz "Sim, eu consegui" quando mais uma vez cumprem o que haviam prometido e veem seus clientes satisfeitos. Conheço outras pessoas que trabalham em organizações difíceis e se mantêm mentalmente sãs por conseguirem fazer e cumprir suas próprias promessas, mesmo quando todos ao seu redor não as acompanham.
Não é fácil cobrar resultados de outras pessoas nesse tipo de organização, pois essa não é a norma, mas conheço equipes que são bolsões de honra e confiabilidade no meio de um atoleiro de desconfiança e fuga da responsabilidade.

É suficiente dizer que a *accountability* pode ser atingida por qualquer pessoa que se dispuser a tanto. As recompensas são pessoais, em termos de autoestima e satisfação, bem como em termos financeiros, organizacionais e reputacionais. A jornada para a *accountability* é uma que encorajo intensamente você a seguir: aperfeiçoe suas habilidades até poder dizer com confiança que sua palavra realmente tem peso.

A coleção "no trabalho"

A coleção "no trabalho" é composta por guias curtos, acessíveis e oportunos que ajudam a tornar os objetivos da cultura uma prática diária, contribuindo para que todo aspirante a líder adote formas mais eficazes de trabalhar. Escrito por **Carolyn Taylor**, especialista global em excelência cultural e mudança transformadora, cada título oferece:

- Dicas práticas de como melhorar sua forma de trabalho
- Sugestões de como transformar valores em ações e ser percebido como alguém que pratica o seu discurso
- Um roteiro para incentivar as pessoas com quem trabalha a adotarem comportamentos diferentes
- Ferramentas comprovadas que você pode adotar e usar com sua equipe

> **Os próximos lançamentos da coleção "no trabalho" incluem:**
>
> *Coragem no trabalho*
> *Simplicidade no trabalho*
> *Confiança no trabalho*
> *Inclusão no trabalho*
> *Empoderamento no trabalho*
> *Um Só Time no trabalho*
>
> Disponível para pedidos no e-mail:
> **info@carolyntaylorculture.com**
>
> Para obter informações sobre quando esses títulos estarão disponíveis e receber uma amostra de seu conteúdo e dicas sobre negócios, acesse: **https://carolyntaylorculture.com**

Sobre a autora

Carolyn Taylor é uma das maiores especialistas do mundo em mudança de cultura organizacional e CEO da Walking the Talk – **www.walkingthetalk.com**

Em seus 30 anos na área, Carolyn já liderou workshops com 200.000 líderes, trabalhou em conjunto em 200 jornadas de mudança cultural, prestou consultoria para 15 operações de fusões e aquisições, além de ter orientado 60 CEOs, trabalhando em 35 países.

É a autora do clássico sobre mudança cultural:

Walking the Talk: Building a Culture for Success (edição revisada, Penguin Random House, 2015)

"... uma leitura obrigatória para qualquer gestor iniciando sua jornada de mudança cultural".

PROFESSORA LYNDA GRATTON, LONDON BUSINESS SCHOOL

Carolyn tem um *podcast* sobre liderança, autenticidade e coragem, disponível no iTunes, Spotify e em outras plataformas.

Avaliações sobre "Accountability no trabalho"

"Assumir compromissos e cumpri-los é provavelmente a forma mais eficiente de ganhar a confiança de terceiros, sejam eles nossos chefes, colegas, subordinados, clientes, ou mesmo amigos e familiares. Carolyn Taylor tem mostrado como fazer isso e por que as pessoas que o fazem – aquelas que "walk the talk" – têm mais chances de transformar seu ambiente de trabalho, a cultura de sua empresa ou a sociedade em que vivemos. Seus ensinamentos ajudaram muito no meu esforço constante para criar uma cultura autenticamente centrada no melhor interesse dos nossos clientes".

CANDIDO BRACHER, INTEGRANTE DO CONSELHO DE ADMINISTRAÇÃO E EX-PRESIDENTE DO ITAÚ UNIBANCO

"*Accountability* é essencial para o funcionamento de qualquer negócio. Carolyn Taylor dedicou anos desenvolvendo um roteiro que permite a criação de um sistema escalável de *accountability*. Repleto de dicas e conselhos úteis, este livro é leitura obrigatória para qualquer pessoa envolvida no negócio de fazer e cumprir promessas".

SIOBHAN McHALE, AUTORA DE *THE INSIDER'S GUIDE TO CULTURE CHANGE* ["GUIA INTERNO PARA MUDANÇA CULTURAL", EM TRADUÇÃO LIVRE]

walking the talk

Programas de treinamento interno, ferramentas de mensuração e consultoria – todos baseados nas metodologias discutidas pelos livros de Carolyn – estão disponíveis por meio da consultoria **Walking the Talk**.

A missão da Walking the Talk é tornar a mudança cultural algo possível para que as organizações possam atingir resultados extraordinários, dando forma às mentalidades e aos comportamentos de sua equipe.

Para mais informações, acesse **walkingthetalk.com**

Carolyn tem disponibilidade para fazer apresentações presenciais ou em modo virtual. Entre em contato:

https://carolyntaylorculture.com/
info@carolyntaylorculture.com

Para mais blogs, vídeos e comentários, entre em contato via LinkedIn

Linked in www.linkedin.com/in/carolyntaylorculture/